大学生人文素质教育与健康心理培养研究

陈非儿　著

北方妇女儿童出版社
·长春·

图书在版编目（CIP）数据

大学生人文素质教育与健康心理培养研究 / 陈非儿著. -- 长春 : 北方妇女儿童出版社, 2021.10
ISBN 978-7-5585-6089-7

Ⅰ. ①大… Ⅱ. ①陈… Ⅲ. ①大学生－人文素质教育－研究②大学生－心理健康－健康教育－研究 Ⅳ. ①G640 ②G444

中国版本图书馆CIP数据核字(2021)第214157号

大学生人文素质教育与健康心理培养研究

DAXUESHENG RENWEN SUZHI JIAOYU YU JIANKANG XINLI PEIYANG YANJIU

出 版 人　师晓晖
责任编辑　李　媛
装帧设计　王一然
封面绘画　秦　风
开　　本　787mm×1092mm　1/16
印　　张　10
字　　数　220千字
版　　次　2021年10月第1版
印　　次　2021年10月第1次印刷
印　　刷　北京宝莲鸿图科技有限公司
出　　版　北方妇女儿童出版社
发　　行　北方妇女儿童出版社
地　　址　长春市福祉大路5788号
电　　话　总编办：0431-81629600
定　　价　49元

前　言

人文素质主要包括人文知识、人文精神、人文行为三个方面。人文素质教育不仅应该包括“知”——了解人文知识，更应该包括“行”——践行人文精神、修正人文行为，这样才符合全面发展思想的科学内涵价值，帮助大学生在接受人文教育的同时能够深入思考人生的本真，进而实现自我的升华。大学生心理素质教育课作为一门注重体验、讲究应用性与实践性的课程，不仅有利于人文知识的普及，更有利于人文知识的实践。

心理素质教育作为大学生身心发展保障的课程，已成为人文素养教育中不可或缺的环节。在尊重人格主体性与差异性的前提下，运用心理学理论、团体辅导、心理剧等方式将心理素质教育与人文素养教育紧密结合起来，促进每一位大学生心理健康的发展与人文素质的提升。

本书以大学生人文素质教育和健康心理培养为核心，首先介绍了人文素质教育的现状及体系构建，然后分别阐述了大学生人文素养各论、大学生人文素养基础理论、大学生礼仪与自身素质修养；其次讲述了改善大学生心理健康教育的策略与方法、心理健康教育方法研究，最后对大学生活、学习与理想教育进行总结和探讨。

另外，本书在撰写过程中，参阅了大量的文献资料，引用了诸多专家和学者的研究成果，由于篇幅有限，不能一一列举，在此表示最诚挚的感谢。由于作者水平和时间有限，书中难免存有疏漏和不妥之处，敬请广大读者批评指正。

目　录

第一章　人文素质教育的现状及体系构建

第一节　人文素质教育所面临的问题及困境

百年大计，教育为本；国家兴亡，人才为基。国际上的激烈竞争，归根到底，是人才（特别是高层次人才）的竞争，是教育的竞争。高等教育是教育的龙头，高等学校是培养人才的基地。

大学不仅应该教给学生必要的现代科学技术和文化知识，以及应用现代科学技术和文化知识的能力，还要教会学生如何做人、如何思维。高等教育的人才培养要坚持“人文为魂”的教育理念。

我们要转变教育观念，改变人才培养模式，深化教学改革。而加强文化素质教育是其突破口之一。培养什么样的人，始终是教育（特别是高等教育）的根本任务。文化素质（特别是人文素质）教育有其特殊作用。

一、什么是人文素质教育

从生理学、心理学的角度来讲，素质是生来所固有的特征，后来素质的概念被泛化了，“素质”是指一贯具有的基本品质，或者说是潜能。素质是长期起作用的，要特别重视人文素质。汉语“人文”与“天文”相对，人文是指区别于自然现象及其规律的人与社会的事务，其核心是贯穿在人们的思维与言行中的信仰、理想、价值取向、人文模式、审美趣味，即人文精神。“人文”一词，在词典上界定为“泛指人类社会的各种文化现象”[1]。中国自古以来就有重视人文教育的传统。只有那些优秀的、能够升华人的精神、提高人的价值的文化才能列入人文教育的内涵。人心必须经过陶冶，才能不流于粗鄙。所谓人文素质，是指由知识、能力、观念、情感、意志等多种因素综合而成的一个人的内在的品质，表现为一个人的人格、气质、修养。人文素质教育，就是将人类优秀的文化成果通过知识传授、环境熏陶以及自身实践使其内化为人格、气质、修养，成为人的相对稳定的内在品

[1] 辞海编辑委员会 . 辞海 [M]. 上海：上海辞书出版社，1980.

质。人文素质教育的目的，主要是引导学生如何做人，包括如何处理人与自然、人与社会、人与人的关系以及自身的理性、情感、意志等方面的问题。人文的信仰基本上包括价值观、生命意义等，像人们对真、善、美、正义、自由、平等、无私等价值的追求，使人觉得人生有价值、有意义。

二、人文素质教育的重要性

我国高等教育存在着以下四个方面的问题："过弱的文化陶冶，使学生人文素质不高；过窄的专业教育，使学生的学术视野不宽，学术基础不牢；过重的功利主义导向，使学生的全面素质培养与基础训练不够；过强的共性制约，使学生的个性发展不足。[1]"知识的获得并不等同于心灵的升华，失去生命的价值，失去人文的思考，这就是一种危机。

大学生文化素质教育着眼点是位于素质教育基础地位的文化素质教育，重点是加强人文素质教育，目标是提高大学生的文化品位、审美情趣、人文素养和科学素质，培养他们的人文精神。加强人文素质教育体现了德智体全面发展的教育方针，是实现人类的全面发展的需要。高等教育的人才培养要坚持"人文为魂"的教育理念。"人文为魂"是将大学生人文素质的培养和提升当作专业生存和发展的灵魂，旨在帮助大学生更好地认识自我，理解人生，在错综复杂的现代生活中找到人生的意义，树立正确的人生方向。

21 世纪世界各国激烈的竞争不仅体现在科学技术和经济实力的较量上，也体现在国民的文化底蕴、民族精神和精神文明水准的较量上，美国哈佛大学的亨廷顿教授发表了一篇题为《文明的冲突》的文章，提出文化将是引起新世界冲突的主要根源。改革开放以来，我国努力汲取世界各国的优秀文化成果，但我们不应该忽视西方腐朽文化对我们国民精神，包括大学生价值取向的影响。在观念形态上不加选择地崇尚西方的文明，就会导致民族自信心的失落与国家民族意识的淡薄，甚至走向价值标尺的西化。现在如果不把精神文明建设，不把人文教育、素质教育放在更加突出的地位，培养出的学生不热爱国家，没有崇高理想，没有正确的价值取向，没有高尚的思想道德素质，那我们的教育是彻底失败的。

人文素质教育是当前促进大学生成长的重要教育手段，高校人文素质教育的完善性、科学性、有效性还有待加强。高校人文素质教育主要通过有效的文化成果宣传普及，达到传授人文知识，培养学生的精神文化道德修养，以及优化提高学生人格和内在气质。

---

[1] 杨叔子．现代大学与人文教育 [J]. 北京：高等教育研究，1999（04）.

三、大学生人文素质教育之重

（一）大学生成长的内在动力

学生的素质包括思想道德素质、文化素质、专业素质和身体心理素质，其中文化素质是基础，而人文素质又是文化素质的核心。大学生的成长是这些素质的综合协调发展，即和谐发展、全面发展。要实现大学生的全面发展，有研究者认为“人文素质教育是其现实途径”[1]，的确，在人的成长过程中，专业教育交给了学生“是什么”“为什么”，实现了“能干什么”，与此同时，学生更需要学会“应该是什么”和“应该如何做”。开展大学生人文素质教育，给予大学生的可能没有直线上升的显性知识，但有隐性的品位；可能没有即时可获利的技能，但有影响深远的正向思维方式；可能没有轰轰烈烈的现实成就，但有踏踏实实的理想，如此等等。这些看不见的精神品质，是推动大学生发展的内因，为大学生的发展提供了无限的内动力。大学生要实现自身成长，成为未来社会的可靠建设者和接班人，不仅要有知识、有能力，更要有涵养、有品位、有情怀、有坚韧的性格。所以说，大学生人文素质教育是大学生成长发展的助推器。

（二）高校笃行使命的回归

长期以来，素质教育一直都是我国的人才培养目标。在马克思主义的人的全面发展理论指导下，结合我国实际国情，人才培养目标不断与时俱进，从培养“四有新人”到“德智体美全面发展的社会主义建设者和接班人”，无论是《国家中长期教育改革和发展规划纲要》，还是党的十八大报告，均提出全面实施素质教育，提高教育质量。教育部在《关于加强大学生文化素质教育的若干意见》中指出，“加强文化素质教育工作，重点指人文素质教育”，目的是“提高全体大学生的文化品位、审美情趣、人文素养和科学素质”。为此，对人才培养，尤其是高校人才培养的“硬实力”和“软水平”要求是显而易见的。然而，在狠抓经济建设、物质利益驱动的社会主义建设初级阶段，高校也不自觉地卷入了实用主义洪流，以“快餐方式”批量生产实用人才。学生本人和家长对未来职业和收益急于求成，进一步加快了高校实用主义的步伐，背离了高等教育的初衷、高校的教育使命。高校培养的人才首先要会“做人”，然后才是会“做事”，要让大学生能“明德”，能“亲民”，达到“止于至善”的境界，才是“国家的真正栋梁”，是“大人”，换言之，高校要培养的不仅是技术工匠，还要培养自由、全面发展的人，“能够推动社会前进的人”[2]。

---

[1] 马明华．高校人文素质教育论 [M]．广州：华南理工大学出版社，2010.

[2] 秦绍德．大学最大的贡献不是对 GDP 的贡献率 [J]．教育发展研究，2008（11）.

因此，高校除了向大学生传输知识和技能外，必须进行人文素质教育，培养人文素养。强化人文素质教育，高校才能实现高等教育人才培养的本真目的，才能推进高校和高等教育的不断发展，才能完成高校所肩负的人才培养使命。

（三）社会和谐发展的必然要求

天人合一、人与自然的和谐相处，这是幸福生活的美丽画卷。当整个社会向市场化转型，裹挟着人们对经济利益的狂热追求而丧失理性，在追逐科技、金钱的过程中遗忘了人情味儿、淡化了内涵修炼，带来的是过度开发、资源紧缺和环境破坏等一系列并发症，这不得不让人们警醒，我们的人文情怀何在。邓小平带领国人进行社会主义市场经济建设探索时，就明确提出中国的发展要坚持物质文明与精神文明共同发展，两手都要抓，两手都要硬。科学发展观思想高屋建瓴，指导我们必须和谐发展，必须可持续发展。工业 4.0 时代为人文素质教育提供了更多条件，也提出了更高要求，人文素质理应成为推进当前社会发展的“新常态”。正如教育家、大学生人文素质教育先驱杨叔子曾指出：“没有科学进步，人类将永远愚昧落后；没有人文教育，人类将坠入科技进步带来的文化黑暗及社会灭亡的深渊。[1]”大学生是我国社会主义事业的建设者和接班人，就必须将自我价值实现与服务祖国人民相统一，只有强化大学生人文素质教育，提升大学生人文素质，才能在人与自然、人与社会、人与人的和谐关系建设中发挥重要作用，才有可能挑起推进社会和谐发展的历史重任。

四、高校人文素质教育的主要问题

（一）教育理念问题

当前高校没能充分重视人文素质教育，在人文素质教育方面的投入不足，不少高校没能形成完善的人文素质教育理念与管理体系，存在人文素质教育理念陈旧、人文素质教育方式较为传统落后、人文素质教育过于功利的问题。一方面高校在人文素质教育方面的投入相对有限，没能形成完善的人文素质教育资源供给机制，不能科学地整合人文素质教育力量，不能形成校园内外的丰富人文活动机制；另一方面高校执着于就业率，存在重分数、轻能力，以及重视专业素养和轻视人文素养的问题。当前不少高校毕业生虽然掌握了丰富的专业技术知识，但是不懂得调节身心，无法与他人及社会保持良好的互动关系。

（二）教育内容问题

高校人文素质教育建立在一定的人文基础知识之上，强调通过有效的教育方式影响学

[1] 杨叔子 . 是“育人”非“制器”：再谈人文教育的基础地位 [J]. 高等教育研究，2001（02）.

生的知识、能力、观念与意志力，注重综合多种因素开展人文素质教育工作。但是部分高校开展的人文素质教育还只停留在表层，人文素质教育缺乏深层次的内容，或者人文素质教育只重视理论知识的传授，或者在学生人文活动时缺乏必要的沟通。当前不少高校存在着只重视人文知识的传授，注重开设一系列人文知识为主体的选修课程，但是不注重对大学生人文行为养成教育，不能根据学生的兴趣爱好组织开展丰富的礼仪教育、艺术赏析教育、人文实践活动等，还有的人文素质教育课程过于概念化、形式化，只注重表现浅层次知识的灌输，在教学过程中没能围绕着学生感兴趣的热点文化现象进行分析，不能结合大学生的日常思想需要进行有效的情感沟通，因此不利于培养学生的人文素养，没能达到提高学生思想品质的目标。

（三）教育主体问题

高校由谁来进行人文素质教育在新时期是个重要问题。有些高校认为人文素质教育应当通过规范的课堂活动进行，因此不少高校认为人文素质教育应当成为教师的主要工作，所以没能有效地开发和完善人文素质教育体系，导致学生的自主教育、社会教育等资源没能得到充分的发挥。一方面，一些专业课教师不认为自己有义务在专业教学中培养学生的人文素养，教师没能有效地挖掘人文资源，不能结合专业知识组织开展人文素质教育；另一方面管理学生不注重从情感上打动学生，不能优化人文素质教育制度，而使用较为强烈的约束机制。

（四）评价机制问题

部分高校在人文素质教育方面缺乏科学的评价机制，没能有效评价人文素质教育的开展情况，不能根据学生的需要有针对性地实施人文素质教育工作，因此影响人文素质教育的有效性。首先，高校未能形成完善的人文素质教育反馈机制，不能有效收集人文素质教育工作的信息，人文素质教育的过程中往往重视以考试方式评价学生的人文素养，不注重采用学生自评、师生互评的方式开展人文素质教育的评价工作；其次，高校现有的人文素质教育考评方式往往以客观评价为主，没有采用信息化的方式有效征求学生的意见建议；最后，在信息化的环境下还缺乏多样化的人文素质教育评价机制，现有的人文素质的评价方法不利于广泛了解学生的需要。

五、大学生人文素质教育困境

自 1995 年召开高等学校加强文化素质教育试点工作研讨会起，我国高校文化素质教育经过了试点探索、实施推广和普及提高三个阶段，在理论研究和实践探索方面都取得了显著成效。然而，对当前大学生人文素质教育的质疑仍不绝于耳，“就‘无形’的文明素质和精神世界来看，社会上、校园里，交往中、独处时，大学生依然无法摆脱杂芜、喧嚣与迷茫的纠缠”[1]，这一现象至今仍然存在。大学生有知识却没有文化，有高智商却没有智慧，有能力却没有素养，有成就却没有诚信，追求“自由”却失去了应有的坚守，如此等等。人们经常会问，现在的大学生都怎么了？出现当前的状况，非某一方所为，但我们的大学生人文素质教育需要审思。综观当前各高校开展的人文素质教育，不外乎有课程教学、校园文化、社会实践等途径。事实上，这些教育途径本身是没有问题的，然而，实践过程中只是一味地采用外在的灌输式给予方式，这就没能发挥这些途径的价值。因此，以何种思想为指导开展大学生人文素质教育，成为迫切需要解答的问题。回归“以人为本”理念，从学生角度出发重构高校人文素质教育，是当前高校人文素质教育的不二选择。

（一）建构主义理论为大学生人文素质教育提供了思想指导

建构主义认为，知识不是通过教师传授得到，而是学习者在一定的情境即社会文化背景下，在其他人（包括教师和学习伙伴）的帮助下，利用必要的学习资料，通过意义建构的方式而获得。[2] 由此可以看出，学习过程是学生主动选择、加工、处理外部信息，并把当前学习内容与已知事物建立联系，通过同化、顺应方式，通过认知结构从不平衡到平衡的发展，如此循环往复。在建构过程中，对于学生而言最关键的因素是学习的主动性、知识建构的主动性；对于教师而言，最重要的是激发学生的学习兴趣，创设符合教学内容要求的情境，提供新旧知识之间联系的线索，帮助学生建构当前所学知识的意义。获取知识尚需学生主动建构，重在实现学生的涵养提高，成为个人自由、全面发展的推动力量，形成行为自觉，这需要学生的主动性，学生要主动探索、主动分析、主动建构、主动实践、主动升华。因此，大学生人文素质教育必须将学生置于主体地位，必须将学生受教后的思想和行为变化作为关注重点，这是开展大学生人文素质教育的逻辑起点。

（二）个体的高级行为模式为大学生人文素质教育创设了心理基础

从心理学角度讲，“知”“情”“意”是构成人的高级行为的三个基本要素，知道怎么做，且知道做的目的，又具备做的心理环境与外部条件，并愿意做，能克服做的各种困难，这样人的高级行为就能保持正确、持续地产生与发展。与此同时，同一对象的不同行为，不同对象的同一行为，同一对象在不同环境中的同一行为，其行为的各构成要素的完

[1] 董云川．“文化”的遗憾：高校文化素质教育十五载回眸 [J]. 高教探索，2011（04）.

[2] 陈琦．当代教育心理学 [M]. 北京：北京师范大学出版社，2007.

整程度都有可能不同。[1] 个体的学习行为也不例外。开展大学生人文素质教育，首先要让大学生知道如何接受人文素质教育、其目的何在，使其“学习行为”指向“目标”，做到“知”。同时，引导大学生形成积极的“情”，树立坚强的“意”，因为只有当大学生对人文素质学习及客观环境产生积极的态度时，才能克服困难，不断调节和支配自己的行为，实现提升人文素质的目标。反之，学生则产生负性体验，缺乏意志力，进而终止学习行为。现有的大学生人文素质教育主要是校方主动给学生安排相应的课程、组织各种活动、策划各种实践等，学生不清楚自己为什么要学习人文知识，导致学生在接受这些学习时处于被动状态，仅仅处于识记式的知识学习层面，是浅层次学习，其学习效果可想而知。所以，在开展大学生人文素质教育过程中，老师不再是人文知识的简单传递者，而是学生人文素质学习的促成者，需要给学生讲明“是什么”和“为什么”，使学生接纳，并激发学习动机，实现学生对人文素质教育的“知情意行”的协调统一。只有学生行动起来，大学生人文素质教育才能顺利推进；只有学生的人文素质学习实现“知情意行”统一，大学生人文素质教育才能实现其目的。

（三）学生个体差异对大学生人文素质教育提出了直接要求

学生个体千差万别，每个人都有自己的一套认知图式，这套认知图式就形成个体的缄默知识，对所接受的人文素质教育产生强大的反作用，这反作用可能是正向的，可能是反向的，并且这种反作用一直“默默”地存在着，只是不被知晓或是不愿揭穿罢了。所以，若大学生人文素质教育只是一味自上而下的要求、规定，而发挥重大作用的学生主体被忽视，显然其效果是不尽如人意的。暂时抛开学生的个体差异，至少应该考虑不同类别学生和不同层次需求的学生的差异。不同类别的学生对人文素质教育的理解和需求各不相同，比如，对全体大学生加强文学、历史、哲学、艺术等人文社会科学方面的教育的同时，对文科学生还要加强自然科学方面的教育，对理工科类、经济类、军事类等大学生的人文素质教育也应有所侧重。同样，不同层次需求的学生也呈现出对人文素质教育需求的差异，有的学生可能将自己置身于世界之中，修炼具有世界公民的胆识、责任与担当，而有的学生只求对现实生活的理解。若不考虑学生群体差异和需求层次差异，学生在接受人文素质教育时要么要求太高而遥不可及，要么要求太低而索然无味，要么文不对题而被拒之千里，这都不是开展人文素质教育的理想状态。归根结底，大学生人文素质教育需正视学生的差异性，也表现为各高校人文素质教育的差异性。

综观上文所述，要提升大学生人文素质教育效果，学生理应成为其焦点。需要改变当前这种只从教师的“教”“给”的角度出发实施大学生人文素质教育，改变这种单向的、

[1] 卢献．略论“知情意行”行为辅导模式 [J]. 教育探索，2004（04）.

学生被动接受的、由上至下的教育方式，从学生角度出发，回归“以生为本”理念，让学生成为高校人文素质教育的积极参与者、践行者与创造者。如果说建构主义和个体高级行为模式理论告诉我们大学生人文素质教育最终需要落脚到学生的文明素养提升和行为自觉，那么学生的个体差异就决定了人文素质教育需要提供不同类别的教育内容。换而言之，大学生人文素质教育应该体现出类别与层次需求，分层分类思想成为探讨大学生人文素质教育的着力点。

第二节　大学生人文素质教育的分层分类

我国的人文素质教育工作起源于大学教育。在社会不断发展的当前，大学生面临着更高的人文素质要求，所以加强对人文素质教育学原理的深入探讨与探究是十分必要的，这是进一步推进全面素质教育工作的重中之重。

一、人文素质教育学原理分析

（一）人文素质教育是社会实现人本转变的必行之路

人文素质教育学理论从本质上说其实是思想转变的一种形式，当前人文素质教育工作中存在的根本问题就在于社会本位的影响，这也是我国人文素质教育相比其他先进国家教育存在差异的主要原因。传统的教育工作中具有鲜明的功利性特征，仅仅将教育工作看作实现团体利益以及政治利益的一种简便方式，而人文素质教育就是突破传统教育目标的一项教育内容，其本质上是在为社会的进一步发展提供助力，但是在开展过程中所体现的出发点却是建立在个体发展目标之上的。若实现了人文素质教育工作的进步，则社会、经济本身也会迎来较大的发展，所以开展人文素质教育工作的根本就是实现个人的进步与发展。而我国传统教育工作中，却将教育工作的目标建立在社会功能的基础之上，缺乏人本特征，限制了学生的发展。

人文素质教育开展的本身就是为了使学生在受教育过程中不仅得到理论知识方面的提升，同时也能获得思维品质的提升，最重要的就在于学生能不断地实现自我情感以及自我品质的完善，是重要的人本发展思想的体现。因此，要实现现代社会向着人本方向不断地转变，不断地深入贯彻人文素质教育，建立在以人的发展为核心，开展教育工作。

（二）人文素质教育是建立在对人的深入认知基础之上的

人文素质教育学理论中最根本的理论认知就在于将学生看作是“人”展开人的教育，

而这里的“人”其实是社会关系的总和。我国属于社会本位属性的国家，在进行“人”的理解时可能会将其看作是一个统一的社会体。通常情况下，生命体都被分为“实我”与意识层面的“我”两种形式，即“我我关系”与“他我关系”的构建，而高中人文教育工作中应当将重点放在“我我关系”的思考层面，但是在我国之前的社会体系之中，个人需求并不被重视或者将其笼统地归纳进社会需求层面之中，因此可能会造成教育对象出现低估自身水平的情况。人文素质教育学理论在对于人认知方面的理解概括为，人文素质教育从本质上实现了对社会、经济以及人进行考虑，其中在人的基础上进行发展才是最根本的途径。人文素质教育理论中并不仅仅将人的发展片面地等同于认知过程，其在很大程度上也具备非认知心理过程的特征，即人的心理在发展变化的过程。人文素质教育学理论当中强调的重点既是科学、社会的发展，同时也表现出强烈的人文特色。各高中院校在开展人文素质教育工作时，并不能仅仅依靠显性教育形式，同时还应当将隐性教育代入实际工作当中。

在就人文素质教育学原理展开分析与探讨的过程中，应首先明确人文素质的具体含义，并以此为基础逐步地就人文素质教育学原理展开分析与探究，该教育学原理的重点主要体现在人文素质教育是现代社会不断地向着人本转变的必行途径，同时也是在加深对“人”的认知与探索之后建立的重要学科。只有不断加强对人文素质教育学的深入研究，才能进一步实现人文素质教育工作在大学教育中的不断推进。

二、分层分类教育思想在大学生人文素质教育中的应用

（一）人文素质教育要求的层次性

有人指出，人文素质教育内容包含了人文知识的储备、人文方法的运用和人文精神的内化[1]，也有人提出包括基础知识、价值与观念和行为三个领域的目标，[2] 或者是精神形态和知识形态两方面。[3] 实际上，所说的人文素质教育内容，实则是对人文素质教育的不同层次要求。不难看出，都包含了三层含义，即人文知识、人文精神和人文习惯，这三者存在递进关系。人文知识是第一层次，是基础，学生需要积累丰富的人文知识，在此基础上，学生需形成人文观念，具有人文情怀，这是第二层次，人文素质教育的最终目的是将所学知识、所形成的观念内化于心、外化于行，形成行为习惯，这是第三层次。目前，大学生人文素质教育主要停留在人文知识学习层面，并且采用的方法主要是灌输和传授，需要改变这一现状。在人文知识学习、积累阶段，教师需要采取教授、启发、引导相结合的方式

[1] 庞美青．基于职业规划的大学生人文素质教育研究 [J]. 教育与职业，2014（11）.

[2] 石亚军．人文素质教育：制度变迁与路径选择 [M]. 北京：中国人民大学出版社，2008.

[3] 姚红．高职院校人文素质教育内核的解读与实践 [J]. 中国职业技术教育，2014（02）.

进行，让学生对人文素质教育的内容和目的“知”之，进而形成积极的“情”和坚定的“意”，最终“行”之。大学生人文素质教育绝不只是知识性传授教育，还需升华至人文情感养成教育和人文自觉行为教育，只有认识到大学生人文素质教育的层次需要，才能正确把握人文素质教育目的，才能在实施过程中指引人们选择恰当的教育方法和评价标准。

（二）人文素质教育内容的差异性

差异性是指大学生人文素质教育应该考虑给不同类别的学生和不同层次需求的学生提供不同的学习内容。当然，不是给每一名学生定制一套人文素质教育方案，这是不切实际的，从横向而言，需关照不同类别的学生群体，比如理工科类学生与文科类学生，从纵向而言，需关照不同层次需求水平的学生群体。不管哪一类别的学生，都需要积累人文知识，向人文情怀和人文行动发展，只是学习的人文内容可以有所侧重，满足其差异性需要。事实上，这也就是对各高校人文素质教育的“个性”需求，体现出了高校之间人文素质教育内容侧重点的差异和培养层次的差异。

三、基于分层分类思想的大学生人文素质教育原则

（一）普适性与针对性相结合原则

普适性是指全国高校人文素质教育的总指导方针，是适合我国高校人文素质教育的指导思想。在今后，将进一步根据《关于加强大学生文化素质教育的若干意见》精神，结合培育与践行社会主义核心价值观的主旋律，推动高校人文素质教育迈向新阶段。针对性是指各个高校根据自身学校的传统和教育教学实际，制订符合学校人才培养目标的人文素质教育培养方案。普适性与针对性体现了不同的范围要求，前者涵盖了对整个全国高校人文素质教育的总体要求，后者是对各个高校个体的具体要求，是普遍性与特殊性的关系。与此同时，这也是高校人文素质教育的不同层次要求，是总与分的关系。普适性与针对性相互关联、相互作用，若没有统一要求和纲领性指导，我国的高校人文素质教育就会出现各自为政、杂乱无章的现象，存在失去办学总方向的危险。若完全不顾各自高校的实际情况，高校人文素质教育只能流于形式，无法落实。贯彻高校人文素质教育的普适性与针对性，就是全国总体要求与各高校具体要求的不同层次体现，也是各高校人文素质教育的类别差异体现，以及不同层次人才培养的层次差异体现。

（二）规定性与张力性相结合原则

这是高校制订本校大学生人文素质教育方案应遵循的原则。规定性是指各高校的人文素质教育应当有统一要求，张力性是指各高校的人文素质教育要有一定弹性，即学校的人

文素质教育培养要满足共性与个性需要。一方面，学校在制订大学生人文素质教育的课程教学、实践等环节时，要根据学校的人才培养目标，有统一的人文素质培养要求，构成必修环节；另一方面，方案设计中又留给学生足够的自由选择空间，学生可根据自己的专业、个性特点以及今后的发展规划，选择不同的人文素质教育内容，与必修环节一道构成自己的人文素质培养体系。这样的人文素质教育培养方案既把握住了学校总的人文素质教育方向，同时又满足了学生的差异需求。

（三）表层性与深层性相结合原则

这是大学生人文素质教育层次性的直接体现。表层性即浅层性，这里理解为人文素质教育的知识教育。深层性即学生对所传授的人文知识的积极接纳，以及形成与之匹配的惯常化行为。表层性与深层性是一种递进关系，前者是基础，后者是深化。因此，通过人文素质教育，要促成学生从人文知识的积累（表层性要求）向人文情怀形成和人文行动养成（深层性要求）转化。实现深层次目标，是大学生人文素质教育的归宿，必须把握住这一大学生人文素质教育真正价值；坚持这一原则，大学生人文素质教育的实施策略和评价标准也应相应转变。

（四）人文素质教育的生活化原则

人文素质教育的生活化原则有两方面含义。一是大学生人文素质教育不只是在课堂、课外活动、社会实践中进行，而是随时随处都发生着，老师和学生的言行、校园环境、学校制度、管理理念等都可能成为人文素质教育的内容和方法，浸润着学生人文素质养成。这样，大学生人文素质教育就置于有形的、精心组织策划的教育与无形的、随意性的精神熏陶共同作用之下，生活已成为人文素质教育舞台。二是大学生接受人文素质教育后的行为生活化、日常化。接受人文素质教育后，不是将知识呈现在试卷上，也不是储存于脑海里，而是在积累人文知识基础上，学会运用人文方法，内化人文精神，形成积极、正向的情感体验，成为个体成长的精神内动力。在这一原则指引下，大学生人文素质教育不再是“知识殿堂”，而是大学生的生活伙伴，是大学生人文素质教育的真实境界，也是最高层次要求。

第三节　人文素质教育体系的构建

远程开放教育的实质是素质教育，而素质教育的核心是人文素质教育。开放教育的特殊性，决定了其人文素质教育的特殊性，创建适合远程教育特点的人文素质培养体系是十分必要的。人文素质教育是一项系统工程，需要转变教师角色，强化人文学科建设，创新开放教学模式，构建人文教育平台，革新考试评价制度，加强实践环节等等。只有多方入手，多管齐下，才能实现开放教育人文素质教育的目标。

远程开放教育的人文素质培养体系，是指在远程教育条件和环境下，遵循远程开放教育的特点和规律，构建全面培养学生人文素质的体制或系统。在现代远程开放教育领域推进人文素质教育，是一项系统工程和创新工程，必将大大提高远程开放教育的效果和质量。它不仅符合远程教育的本质要求，也是培育终身学习理念和构建学习型社会的时代要求。

一、更新教育观念，转变教师角色

理解开放教育的本质，树立素质教育新理念。现代远程教育的大众化、多元化、网络化特点，对教师素质提出了更高的要求。开放教育的本质是人人享有终身接受教育的权利，这不仅意味着教育对象的开放，更重要的是教育观念、教育资源和教育过程的开放。按照科学发展观的要求，开放教育应该更加凸显以人为本的教育理念，以促进人的全面发展为已任。因此，教师不仅要重视知识的传授和技能的培养，更应注重对学生人格的锻造和素质的提升。

适应远程教育的需要，探索素质教育新方式。教师要探索远程教育人文素质培育的方式方法，明确教师的角色定位，实现教学方式的转变，调整自己的知识结构，具备全面的职业素养。教师力求做到：既能从事理论课或文化课教学、传授，又能从事技能训练教学、指导；既是教育教学活动的“经师”，又是引导学生成长成才的“人师”。

教师应以人文教育为己任，提高自身素养和修为。人文教育的职责不仅仅是文史哲教师的职责，也是每一个远程教育教师的职责。在课程的教学活动中，避免功利主义的思想，弘扬教书育人的理念，把人文教育的思想贯穿始终，在日积月累的教学活动中、在春风化雨的潜移默化中，提高学生的人文素养。

二、变革培养规划，强化人文学科建设

增加人文学科比重。开放教育是一种多层次、多规格、多功能、多形式的办学方式，生源复杂，专业庞杂，在专业规划中，常常重视科学技术的掌握，忽略人文精神的养成。开放教育的课程具有内容新颖、观点活泛、时代性强、教材更新快等特点。学科建设中，应特别强调理论联系实际，集适用性与艺术性为一体，把素质教育的理念贯穿其中，理论与实践并重，技术与素质并重，知识与能力并重。因而，根据专业的需要，调整专业知识结构，增加人文学科的比重，明确人文教育的目标，强化人文素质的培养，大有必要，大有可为。

探索学科融通新路。人文教育的最高目标在于满足学生个人发展的需要，追求人性的

完美、培养健全的人格。加强学科建设，并不仅仅是人文社会学科的建设，尤其应加强自然科学与人文社会科学的交叉学科的建设。首先，要树立“以人为本，全面发展，人文见长”的现代教育观，深入探讨学科的课程性质、学科内涵、研究范围，系统研究学科的教学目标、教学内容、课程安排，积极探索学科的教学方法、教学手段、教学效果。通过学科建设，丰富学科内涵，凝练学科方向，培育学科特色，实现人文学科的跨越式发展。其次，学科建设要实现文理贯通，远程开放教育，要充分发挥自身办学优势，抓好学科交汇，促进文理渗透，实现学科融通，特别是在一些理工科专业，在教学计划中实现人文学科与其他学科的沟通、交叉和融合，是十分必要的。

加强通识课程教育。通识教育是一种广泛的、非专业性的、非功利性的基本知识、技能和态度的教育，应该着眼于人的全面发展，不仅是知识、技能的获得，还有人格的健全；更应该强调“全人的教育”，赋予受教育者健全的人格、高尚的道德水平、科学的价值观及世界观。通识教育在人文教育中发挥着特殊的作用。通识课程的设置，除了文学、历史、哲学、艺术以及思想、政治、道德等传统人文学科之外，还可以开阔思路，根据不同专业的需要，结合培养目标，设置有关管理学、经济学、社会学、心理学、法律学、写作学等学科。

扩大选修课程范围。选修课是远程开放教育课程体系的重要组成部分，选修课能拓宽学生的知识面，完善学生的知识结构，培养学生的创新思维能力，强化学生的个性优势，提高学生的综合素质。开放教育开设的选修课程，应该做好供求分析、加强选课指导、扩大课程范围、减少选课限制、给足选择空间、丰富课程资源，使学生通过选修课学习，获得德智体美劳的全面进步。

三、创新教学模式，开拓人文教育思路

教学模式，是在一定教学思想或教学理论指导下，建立起来的较为稳定的教学活动结构框架和活动程序。多媒体及网络技术的飞速发展，带来了远程教育教学模式的改革和创新。教学模式改革，是当前远程开放教育发展中的一个重点和热点问题。在远程教学模式的变革中，如何全面引入素质教育的新理念，如何带来人文素质教育的进步，如何实现专业教育与素质教育的结合，是非常值得深入探讨的问题。

素质教育就是把所学的知识内化为人的全面的内在品质，这种品质又外化为人格、知识和能力。素质教育从本质上说是一种主体性教育，是提升人性、优化人的本质，塑造自由个性和健全人格的教育。素质教育在内容蕴含、方式方法上都有别于普通技能的教育。人文素质教育的实质不是知识性、技术性、实用性、时尚性的，而是精神性、智慧性、潜隐性、久远性的。人文教育，不能靠“灌输”，而要靠“熏陶”。

远程开放教育在素质教育方面既有优势也有劣势。优势在于有现代的教育理念，有先

进的教育技术；劣势在于教师与学生的分离，课堂教学氛围的缺失等。因此对远程教育而言，教学模式改革的关键在于如何发挥优势，扬长避短。改变落后的教学方式，构建新型的教学模式，其核心意义在于充分发挥网络的作用和多媒体教学的优势，充分激发学生学习的主动性，构建一个全课程育人、全过程育人、全方位育人的人文素质培养体系。通过教学模式的改革，在人文教育中真正达到丰富课程教学内容，调动学生的学习兴趣，激发创新思维能力，提高教育教学的效果。

四、发挥网络优势，构建人文教育平台

远程开放教育是建立在由数字技术、网络通信技术、计算机多媒体技术等组成的现代信息技术平台上的一种教学模式。教育技术的先进性，教学手段的多样化，是其突出特色。充分利用网络技术优势，创建校园网平台、教学互动平台、自主学习服务平台、校园文化活动平台，开辟素质教育的园地，营造人文教育的氛围，是必要的，也是可行的。

人文精神的培养，不能只依靠学生通过自身人文知识的积累和实践去内化、提升，还要给学生创设人文环境，通过具有浓厚文化气息的氛围，对学生进行耳濡目染的熏陶。首先，通过网络技术，加强数字图书馆建设，营造网络环境中的文化氛围。数字图书馆集合了图像、文本、语言、音像、影像、影视软件和科学数据等多媒体信息，可提供多种多样的人文素质教育素材，查询、检索、阅览十分方便，它所具有的存储数字化，传递网络化，服务知识化，资源共享化等特征，是传统图书馆不可比拟的。其次，通过网络技术，建立素质教育网，开辟网上人文教育基地。充分发挥网络的优势，开辟人文知识丰富、阅读浏览方便、视觉效果美观、学生乐于接受的人文素质教育资源支持系统。另外，通过网络技术，还可以创建网上师生互动平台，实现师生的交流与沟通。网上互动平台完全可以提供高效、快捷的网络实时交互环境，比起传统的师生交互形式具有省时省力、方便快捷、节约资源等许多优势，师生之间的有效交流，可以促进师生之间的相互了解，实现人文教育的教学相长。可以说，远程开放教育充分利用网络技术的优势，利用多媒体教学的长处，提高人文素质教育的效果，大有文章可做。

五、革新考试制度，创立科学评估体系

考试是教育的指挥棒，是教学的指南针。考试制度的改革，必然促进人文教育的革新。开放教育的考试改革，应遵循拓宽知识、培养能力、提高素质的原则，通过一系列的改革，构建一个侧重发展、侧重综合、侧重过程的考试体系，对强化人文教育，弘扬人文精神，培养技术应用能力强、人文素质高的人才，必将大有裨益。

值得一提的是形成性考核。形成性考核是远程开放教育教学质量保证体系的重要组成部分，是强化素质教育、加强教育过程管理、反馈学习信息、改进课程考核方式方法的重要措施，是科学测评学生学习效果、促进学生自主学习、提高学生综合素质和能力的重要途径。将形成性考核的方法，应用于人文素质的测评，可以启发教师在人文素质教育中，循序渐进，注重教学过程；引导学生在提高人文素养方面，积极主动，重视学习效果。

人文素质的评价是教学评价中的一个难题，只有解决了考核的客观性、公正性、准确性问题，才能保证考核的科学性、激励性和指导性。在远程教学实践中，需要不断完善人文素质评估内容和评估手段，例如在测评内容上，将学生在参加各种社会实践、文化社团、文体活动、艺术竞赛、演讲比赛及人文社科类知识竞赛时所取得的成绩，作为学生人文素质的主要评价依据等等。

六、加强实践环节，打造人文素质基地

组织实施集中实践教学环节，是远程开放教育的一大特色。实践性教学环节是开放教育教学活动的重要组成部分，是实现培养目标、提高学生实践应用能力和综合素质的重要手段。人文精神的培养，不仅需要人文知识的学习、积累、积淀，更需要在丰富多彩的实践中升华，在生动具体的情景中熏陶。

实践性教学环节是一项系统、复杂而繁重的教学任务，要取得良好的效果，就要做到教学设计系统周密，教学目标明确，教学组织认真，教学监控得当。实践性教学环节可以是多种多样的，既可以是论文写作、毕业设计、课程实验、社会调查，也可以是参观游览、科学考察、技能大赛、专题研讨、现场模拟、宣传咨询、案例分析、书画展评、歌咏比赛、名家讲座、主题征文等等，通过学生与自然、与社会、与他人的广泛接触，产生对自然的热爱，对社会的责任感，对他人的尊重，从而使学生的科学精神与人文精神达到协调统一。

远程教育的实践性教学环节主要包括课程实践性教学和集中实践性教学，无论是哪种形式的实践活动，都应遵循开放教育的规律，结合专业课程的特色，根据人文教育的需要，开展形式多样、注重能力、讲求实效的实践活动。

远程开放教育事业方兴未艾，发展迅猛。素质教育作为一项系统工程，前景广阔，任重道远。人文素质培养体系的构建，必将推进素质教育的有效开展，必将深化远程教育的全面改革，为社会培养更多复合型的人才，从而有效提升远程开放教育的质量和水平。

七、构建人文素质教育在军校中的重要性

当今世界军事、经济和科学技术的竞争，归根结底是人才的竞争，特别是人才质量的

竞争。人才质量不仅体现在人才的专业知识和技能上，更体现在素质上，其中人文素质占有突出重要的地位。军队院校要完成为我军输送高素质新型军事人才的神圣使命，就要着眼世界军事变革的发展趋势，按照习主席提出的强军梦总要求，牢固树立强军思想，遵循人文素质教育规律，科学构建军校人文素质教育体系。

（一）从培养目标上着眼树立人文精神，实现“能打仗”“打胜仗”的强军目标要求

构建人才培养模式，明确培养目标、任务和要求是军校教育创新的起点，也是深化教学内容、方法、手段改革的前提，是推进人文素质教学发展的关键。多年来，军校对人才培养模式的探索，为正确定位不同院校、不同专业、不同军兵种的人才培养目标发挥了积极作用，但是目前这一探索多局限于理论上的研究和论证，实践方面的内容和措施不到位。要解决这一矛盾和问题，必须从宏观和微观两方面把握培养目标。

习主席强调指出，建设一支听党指挥、能打胜仗、作风优良的人民军队，是党在新形势下的强军目标。听党指挥是灵魂，能打胜仗是核心，作风优良是保证。全军要准确把握这一强军目标，努力把国防和军队建设提高到一个新台阶。要铸牢听党指挥这个强军之魂，坚持党对军队绝对领导的根本原则和人民军队的根本宗旨不动摇，确保部队绝对忠诚、绝对纯洁、绝对可靠。要抓住“能打仗、打胜仗”这个强军之要，强化官兵当兵打仗、带兵打仗、练兵打仗思想，确保部队召之即来、来之能战、战之必胜。作风优良是我军的鲜明特色和政治优势，要把改进作风工作引向深入，真正在求实、务实、落实上下功夫，夯实依法治军、从严治军这个强军之基。

由于军队是由不同军种、兵种组成的一个大系统，虽然其整体的共同目标都是为了国家利益，力求在战争中“能打仗”和“打胜仗”，但在共性目标下，不同军、兵种具体的分工是不同的，不同类别的军校，其人才培养目标也有所区别、有所侧重。因而各类军事院校在开展人文素质教育工作时，要针对不同的教育对象，本着“具体问题具体分析”的原则，围绕强军总目标，根据不同的内容要求，确定不同的任务分工，进而实现教育的目的。

（二）从指导思想上认清人文素质教育实质，强化教育意识，明确教育方向

教育目标明确之后，首要任务就是要在思想认识层面认清人文素质教育实质，强化人文素质教育意识，明确人文素质教育方向。

1. 切实从本质上理解人文素质教育的真谛，从思想深处根植人文素质教育理念

只有从深层次上理解人文素质教育的真谛，才能推动人文素质教育全面而有效地展开。从目前军校校园人文氛围不浓、学员人文素质不高这一现象可以看出，真正意义上的人文

素质教育还没有得到普及，至少是人文素质教育的观念，还没有完全深入教育管理者和实施者的思想中。主要表现：认为只要开设了人文类课程，开展了一些活动，人文素质教育目标就可以实现了；认为人文素质教育只是人文教员的事，与其他人没多大关系；认为人文素质教育就是让学员多获得一些社会知识等。这些片面的认识，无形中为军校全面开展人文素质教育设置了障碍。如前所述，人文素质教育是以人为本的教育，是激发人潜能的教育，是如何“做人”的教育。而要把这种教育落到实处，军队院校必须有明确的人才培养指导思想——要站在世界军事变革的前沿，把“能打仗”和“打胜仗”的强军目标要求，通过全面有效的人文素质教育实践，以人文精神为核心，内化为学员的人文素质，并转化为军队的凝聚力、战斗力和保障力。这就要求在教育指导思想上，必须从思想深处认清人文素质教育的本质，自觉树立人文素质教育观念，增强实施人文素质教育的紧迫感，这样才能在人才培养上有求实之行、创新之举，才能真正培养出与时俱进的高素质军事人才。

2. 进一步认清人文素质教育与其他教育的关系，科学界定人文素质教育在军校教育体系中的重要地位

正确认识和处理军校人文素质教育与其他教育的辩证关系，是明确人文素质教育在军校教育体系中的重要地位，确保人文素质教育效果的基本思想保证。正确认识和处理人文素质教育与其他教育的关系，是关乎人才培养模式的重要问题，直接关系到教育的方向、学科专业的设置、教育内容和课程结构的优化，以及学员综合素质的培育，乃至部队战斗力的增强。

（1）明确人文素质教育与思想道德教育的关系。人文素质教育是思想道德教育的基础和前提，为思想道德教育提供动力和活力，而思想道德教育则是人文素质教育的核心内容。人文素质教育实际上就是对学员人文精神的培养，就是使学员在接受知识的同时得到心灵的净化和升华，塑造良好的人格和品质，这也正是思想道德教育的根本目标。

（2）明确人文素质教育与军事科技教育的关系。人文素质教育是军事科技教育的价值导向，为军事科技教育提供智力支持和价值目标。军事科技教育是以增强学员的军事技能，促进军事手段改革和战斗力提高为根本目的，它在追求军事科技教育价值最大化的同时，对指导其应用的价值观问题同样提出了越来越高的要求。因此，军事科技教育的人文化应成为新时期军事教育改革的主要方向。

（3）明确人文素质教育与身心素质教育的关系。人文素质教育是身心素质教育的理性基础和灵魂；身心素质教育是人文素质教育的直接基础和载体。强健的身体素质和健全的心理素质都是高技术战争对人才的基本素质要求，为达到这一根本要求，提高人才这方面的素质，人文素质教育为其提供了人文精神的指导。

（三）在课程设置上构筑“内容科学、结构合理、特色鲜明”的人文素质课程体系

人文素质课程设置科学与否，对人才质量将产生直接的根本性影响。从实际情况看，军校人文课程的设置还存在许多不完善的方面。一是人文课程的教育内容不成体系。二是相对其他课程，人文课程的学时普遍偏少，致使学员对人文知识的了解和对人文精神的培养缺乏量的基础。三是传统课程开设过多，新兴学科，特别是与新军事变革理论相关的哲学、史学、法学、心理学、伦理学等学科，以及认知论、思维方法等方面，没有及时纳入教学内容，缺乏鲜明的军事人文特色，针对性不强。

加强军校人文素质教育，重点从知识拓展类、能力培养类和情操陶冶类三个方面综合设置。知识拓展类课程主要针对军校学员专业学习和基础课教学知识面相对较窄的状况开设，培养学员人文精神，尤其是科学精神、创新精神的基础性课程；能力提高类课程主要提高学员的任职能力，促进其全面发展，其不仅是学员感兴趣的内容，也是毕业后适应任职需要的基本技能，是体现“学以致用”和“一专多能”要求的重要内容；开设情操陶冶类课程，对于解决当前学员素质单一、学习内容单调、审美意识单向，以及部分学员受社会负面因素的影响而造成价值观念偏向、军魂意识淡化等问题有着重要的现实意义，其目的是结合思想政治教育，从文化层面陶冶学员性情，“以优秀的作品鼓舞人”“以高尚的精神塑造人”，需要指出的是，人文课程在培养学员对世界、对人生的理性认识还是不够的，还需要从情感上、意志上加以培养和熏陶，使之有丰富的政治情感和民族情怀，这是由现代战争形式的多样性、状态的严酷性等特点所决定的，是学员能直面“战场”与“市场”挑战的需要，也是信息化时代的现实需要。

（四）在教育实施上正确处理“三大课堂”关系，优化教育过程

人文素质教育的根本目的，是培养学员的人文精神。这种精神的培养和树立需要潜移默化地教化和熏陶，要着重处理好理论教育与实践教育的关系，处理好教学过程中教员、学员、教学内容、方法、环境等方面的关系。军队对各级指挥员的素质有着极强的实践性、创新性要求，这就要求在教学实施中注重拓展教学空间，沟通课堂内外，联系部队和社会实践，努力改善教学环境，综合利用教育资源，形成军校、部队、社会共同育人的合力，切实把人文素质教育摆在战略位置，注重“三大课堂”在教学内容上的有效衔接。

1. 立足第一课堂打基础

第一课堂教学是院校人文素质教育的主渠道，是学员获取人文知识、培养人文精神的重要环节，必须大力抓好这一环节。第一，要处理好教员与学员在课堂教学中的相互关系。第二，要优化教学结构，加强学科间的交叉渗透。第三，在教学实施上，要努力拓宽人文

素质教育视野，加强各专业课教学内容上的衔接和人文精神的熏陶。把最新、最经典、最实用的知识教给学员，逐渐改变“重理轻文”状况，实现“文理融通”。第四，在对教学效果的评价上，要建立科学有效的课堂教学评估机制，对教学活动及时跟踪反馈，不断提高课堂教学水平。

2. 力求第二课堂长才能

这是理论课堂教学的延伸与拓展，是理论联系实践的重要“实验课堂”。一方面，在注重搞好学员第一课堂理论学习的同时，针对一些对学员思想影响较大的现实性问题，定期或不定期地开展讲座、对话、论辩等活动，以帮助学员培养自主学习、积极参与的意识，并结合教育内容，培养学员理论联系实际，关注现实生活的求实精神。另一方面，要善于为有特长的学员提供“才能施展”平台，以提高学员“一专多能”的综合能力。

3. 着眼实践课堂强素质

这是一种完全开放的适合人文素质教育的课堂，主要通过专业实习、模拟训练（如模拟连、模拟法庭、模拟战场等）和参加社会实践活动（如参观纪念馆、博物馆、人文和自然景观，参加法庭旁听、社会调查，参与社会服务和访谈等）来实施，可以使学员在参与社会实践的活动中，提高人文素养，不断增强综合素质，最终增强人文精神。

总之，新时期军校人文素质教育，必须以习主席强军梦思想为指导，培养有灵魂、有本事、有血性、有品德的青年官兵为目标要求，遵循高等教育与军事人才培养规律，以“素质需求，任职需求”为牵引，以培育当代革命军人核心价值观为主线，以全面提高军校学员的“文化修养、艺术修养、道德修养”为目标，坚持基础理论教学与实践能力培养相结合，重点在培养学员带兵管理能力、开拓创新能力、组织协调能力、语言和文字表达能力上下功夫。把必修课、选修课、讲座课、实践课等有机结合起来，逐步建立适应军队现代化建设需要的、具有我军特色的、可持续发展能力的人文素质教育体系。

第二章　大学生人文素养各论

第一节　中外文化经典导读与中外文学作品欣赏课程建设

一、中外文化经典导读

高校校园文化体现学校的办学理念、文化传统与精神面貌，是高校素质教育和精神文明建设的重要组成部分，是一个大学的灵魂所在。高品位、高层次的校园文化建设，会使大学生受到健康、先进的文化气息的熏陶和感染，在潜移默化中提高自身的思想道德素质和文化底蕴，因此，倡导什么样的校园文化，如何加强校园文化建设，是一个常在常新的话题。大学生综合素质的提高，良好学风的形成，都需要良好的校园文化。建设校园文化有多种途径，文学经典导读是建设健康、高尚校园文化的有力途径之一。

（一）文学经典阅读的育人作用

1. 传承优秀的民族文化

中国是世界上历史悠久的文明古国之一，有辉煌灿烂的五千年文明史，中华民族历经风雨而绵延不衰，民族之根深深根植于源远流长、博大厚重的民族文化之中。中国文学是民族文化的重要组成部分，从我国第一部诗歌总集《诗经》起，已有两千多年的历史，楚辞汉赋、唐诗宋词、明清小说、现当代文学等体裁多样内容丰富的文学作品竞相争艳，各领风骚。文学经典是文学作品中的优秀作品，是时代精神的凝聚与升华，“文学经典指的是具有丰厚的人生意蕴和永恒的艺术价值，为一代又一代读者反复阅读、欣赏，体现民族审美风尚和美学精神，深具原创性的文学作品。它们是文学史的支架和龙骨”[1]。文学经典往往拥有强大的艺术生命力，如耀眼的星辰闪耀在历史的天空，以自己的独特魅力为一代又一代的读者所喜爱、所传承，屈原的《离骚》，李白、杜甫的诗歌，曹雪芹的《红楼梦》等文学经典无不是中华民族的骄傲和象征，无不体现了民族文化的丰富、成熟和辉煌，

[1] 方忠．论文学的经典化与中国现代文学史的重构 [J]. 江海学刊，2005（03）.

对中国人的价值取向、道德情操、性情情趣等都产生了巨大的影响。有学者这样评价中国文学的作用：“在当今日益激烈的国际竞争中，一个国家、一个民族，如果没有高科技，一打就垮；如果没有坚不可摧的民族精神和牢不可破的民族凝聚力，不打自垮。可见在综合国力中，国民素质起着决定作用。素质教育需要从多方面进行，而作为中华文化精华部分的古典文学，其名著名篇凝聚了中华民族精神，闪耀着爱国主义光芒，通过研读古典文学名篇名著以提高国民素质，实在是一个不容忽视的重要方面。”[1]

21 世纪的今天，中国从历史的风雨中走来，焕发出新的生机和活力，经济快速发展，取得了万众瞩目的成绩，中国以崛起的形象屹立在世界舞台上。然而，在世界经济文化交流碰撞之中，如何树立文化中国的形象仍是一个亟须解决的问题。继承本民族优秀的文化传统，对本民族文化具有高度的认同与自豪感，将会使中国文化在与世界各国文化交流中具有足够的文化自信与文化魅力。因此，在大学生中提倡阅读文学经典，对于提高民族的生命力、凝聚力、创造力都有非常重要的作用，因为缺少民族精神和民族个性的民族，是一个缺乏根基的贫乏浅薄的民族，最终只会走向衰亡。只有在继承优秀文化传统的基础上，才能更好地促进民族文化健康发展与不断创新，使古老的文化再展辉煌，最终从容自信地参与国际文化交流，最终树立起文化中国的崭新形象。

2. 提升大学生的人文素质

21 世纪是知识信息时代，高等教育的目的是培养具有较高综合素质的人才，以适应竞争日趋激烈的社会环境。在各种素质中，人文素质是学生各种素质的基础，是人文科学知识在个体世界观、价值观、人生观及其人格、气质和修养等方面的内化，高校要重视大学生的人文素质教育，把学生培养成富有民族担当精神、有顽强意志、心理健康和有修养的人。

高尔基说：“书是青年人不可分离的生活伴侣、导师、忠告者和好朋友。”文学作为“人学”，具有独特的育人功能，在高校的人文素质教育中有着重要的作用。文学经典是凝结人类文化精华的文化宝典，学生们阅读文学经典，就可以穿越时空，徜徉在源远流长的文学之海，进行丰富的精神之旅，与伟大灵魂、不朽思想进行心灵的对话，“融汇在文学经典中远见卓识、崇高抱负、人文担当、哲思玄悟、艺术典型、不同风格、生动情节、创新实践、绝妙辞章、语言特色，这些就铸造了文学经典的特质，成为传世文学华章”[2]。在阅读的过程中，读者的情感得以升华，人格修养得到完善，智慧得以提升，自身的人文素质也会得到提高。

---

[1] 霍松林．古典文学与素质教育 [J]. 陕西师范大学学报：哲学社会科学版，2003（01）.

[2] 王泉根．名著大家读：读书长精神 [J]. 少年月刊，2002（12）.

3. 打造大学生的精神家园

随着市场经济和信息技术的快速发展，当今社会已普遍进入消费主义时代和大众文化时代，文学传播载体也发生了巨大变化，已从传统的单一的纸质文本发展成多种传播载体共存，电子文本、网络文本、声像文本为异军突起，冲击着传统的阅读方式。受社会环境变化的影响，一部分大学生随波逐流，热衷视听文化，倾向于消费文化快餐，精神文化需求日趋消遣化和娱乐化，他们忽视对人生理想的追求，反之个人主义、拜金主义、享乐主义等消极思想在一部分学生之中盛行，文学经典不断被大学生冷落、漠视，思想境界也随之跌入平庸、低俗的泥淖。提倡文学经典，回归文学经典，对于提升大学生的精神面貌有着重要的作用。一部优秀的作品能以高尚的精神鼓舞人、激励人、塑造人，能够引导人们树立积极向上的精神追求，在潜移默化中提升人的品格和修养，提高思想境界，丰富我们的精神家园。打开一部文学经典，就进入了一座交织着民族与世界，古典与现代思想光芒的文化宝库，就可以与古今中外的文学大师进行心灵的对话，得到精神境界的提升与完善。

（二）文学经典导读实施的途径

高校图书馆是学校的文献信息中心，拥有丰富的文献信息资源，是高校知识和信息的集散地，在校园文化建设中，图书馆是其重要的组成部分，发挥着极为重要的作用。在当今大众文化时代背景下，名著的阅读缺失已经成为大学生中存在的一个普遍问题，大学生的阅读呈现出功利性、低俗化、片面化的倾向。英语、计算机等工具类书籍、言情武打、卡通类书籍成为大学生课外阅读的主要书籍，那些曾经以自己的独特魅力影响了无数代人的文学经典在当代却几乎被大学生们遗忘。我们都知道，一个人的精神发育史实质上就是一个人的阅读史，一个民族的精神境界，在很大程度上取决于全民族的阅读水平。面对这种情况，图书馆要及时优化馆藏结构，有计划、有针对性地进行文学经典导读活动，使学生们有计划、有目标地阅读经典好书，在校园里形成浓郁的读书氛围，努力营造“书香校园”的氛围，促进校园文化的健康发展。

1. 开展导读活动

导读是高校图书馆发挥教育职能的一个重要途径，阅读指导可以帮助学生有选择有目的地读好书，图书馆应定期开展文学经典导读活动，由指导教师进行具体的指导与督促，对学生的阅读心理、阅读方法、阅读技巧进行科学的指导，向学生们推荐阅读书目，组织开展主题讨论会与有奖征文活动，使大学生能够自觉主动地阅读文学经典，养成良好的阅读习惯，掌握科学的阅读方法。

2. 定期举办“中外文学经典欣赏讲座”

图书馆要依托人文社科学院定期举办中外文学经典欣赏讲座，邀请国内外知名专家学者到校讲座，引领大学生走进浩瀚博大的中外文学经典宝库，激发学生的阅读兴趣，使学生感受到文学经典的恒久魅力。

3. 成立读书会

由图书馆文学素养高的馆员担任指导教师，在学校成立“文学经典阅读读书会”，通过举办形式多样的读书活动，吸引学生参加读书会，鼓励学生之间互相交流阅读心得，定期撰写读书报告，每月评选出优秀读者。

4. 开办读书网站

在信息时代，图书馆应适应学生阅读方式的转变，加大电子资源的建设力度，开办校园读书网站，以大学生乐于接受的方式参加网上读书。通过读书网站，使大学生了解、熟悉、阅读中外著名文学经典作品，达到开阔视野、提高人文素质的目的。

二、中外文学作品欣赏课程建设相关问题

中外文学作品欣赏课程的基本任务是培养和提升学生的品德素养、人文素养和语言文字的表达能力。只有正确认识中外文学作品欣赏课程的基本任务，重视中外文学作品欣赏的课程设置和师资队伍建设，科学确定教学内容，实施多元化的教学，才能圆满实现本课程的教学目标。

作为传统的人文素质课程，中外文学作品欣赏课程在培养大学生的人文精神，提升其思想境界、陶冶其人格修养、熏染其审美情趣以及为社会输送合格的人才方面，有着不可替代的作用。近些年来，我国高校中外文学作品欣赏课程建设取得了一定的成绩，但与其他长足发展的专业课程相比，却显得十分滞后，存在很多不足之处，主要体现在领导重视不够、课程定位偏低、教材内容杂乱、教学模式僵化、教师队伍缺位、教学效果不尽如人意等方面。

（一）中外文学作品欣赏课程建设存在的相关问题

1. 课程设置被忽略，教学定位偏低

调查结果表明，当前高校中外文学作品欣赏课程被忽略的现象较为严重。中外文学作品欣赏不在高校必修课之列，大部分高校只将其列入公共选修课，教学定位偏低。由于高校过多强调专业建设与学科建设，作为公共选修课的中外文学作品欣赏已经处于非常尴尬的境地，它不像英语，有四级、六级等种种量化的考级系统和检测手段做支撑；也不同于政治理论课，不但有国家教委规定的课时量作为政策保障，而且和英语一样有考研之必试科目为后盾。中外文学作品欣赏课程的开设与不开设，是否继续开设，任由高校的校、系

领导说了算，既不稳定，又不平衡。教学课时的安排也很随意，有的开一学年，有的开一学期，国家对此没有明确规定。

2. 教材编写无序，教学内容陈旧

中外文学作品欣赏课程一直没有国家统编教材。教育部门对教材内容并没有明确的规定。近几年出版的中外文学作品欣赏教材有十余种，每种教材的内容和体例都不尽相同。还有部分高校自编教材，由教师自主选择教学内容。比对发现，尽管版本众多，但内容大多缺乏新意。大多数教材内容偏重于选取中国古代优秀诗歌与散文，而对当代中外优秀文学作品和文学现象案例选取较少，许多篇目竟然与高中语文内容重复，其体例也与中学语文教材并无多大区别，因而很容易使大学生产生厌烦情绪，因为中外文学作品欣赏选修者十分有限，导致中外文学作品欣赏的教学质量和教学效果不尽如人意。

3. 教学模式固化，教学手段单一

长期以来，中外文学作品欣赏教学普遍遵循的是“以教师为中心”以及“释题——作者生平和写作背景简介——主要内容概述——字词讲解——主题与艺术特点分析”传统固化的教学模式；教学手段上还是单一的教材加黑板加粉笔，经久不变。调查结果表明，在中外文学作品欣赏教学中，传统的教学模式与缺乏创新的单一的教学手段容易使学生产生疲惫感，以至于中外文学作品欣赏课堂上经常会出现老师讲老师的，学生散漫溜号，老师与学生好像两不相干的尴尬局面。当今时代，计算机网络极大地拓宽了教育的时空界域，改变着人们的学习方式和思维方式，但中外文学作品欣赏运用计算机辅助教学（CAI）却并不多见，即使偶有 PPT 课件的运用，时常也会演变成读课件式的讲授，这与时代的要求是不相符的。

4. 学科日趋边缘化，专业教师缺位严重

科技的飞速发展使得高校的专业课程建设受到更大的重视，专业课的教师队伍日益壮大，从事专业课教学的教师，评职称、晋级更为容易，各方面待遇也高。而中外文学作品欣赏课程却处于一个边缘的地位，学科建设普遍不受重视，再加上课程地位没有实际政策的支撑，学科日趋边缘化，经费投入有限，教师积极性不高。调查结果表明，中外文学作品欣赏课时不断被缩减，部分高校甚至连专职中外文学作品欣赏的教师都没有，经常安排相关或相近专业的教师兼任，专业教师缺位严重，师资队伍很不稳定。

（二）强化中外文学作品欣赏课程建设的措施和对策

1. 明确课程性质，提升课程定位

中外文学作品欣赏作为高校一门重要的公共基础课，其地位和性质是不容置疑的。中外文学作品欣赏是一门边缘性学科，与语言、文学、艺术、历史、哲学、政治等学科都有内容关联。中外文学作品欣赏课程的性质主要体现在三个方面：一是培养人伦道德情感，二是培养文学鉴赏能力，三是开拓文化视野。中外文学作品欣赏虽是公共基础课，但它有“以文教化”的功能，担负着传承民族文化、弘扬人文精神、陶冶审美情操等多项重任。新世纪对人的基本素质赋予了新的要求，强调提高人文素质，培养健全人格，而中外文学作品欣赏课程既能陶冶大学生的品德情操，培养大学生的健全人格，又能提高大学生的阅读理解能力、分析问题和解决问题的能力、审美能力、语言表达能力，等等。因此，要加强中外文学作品欣赏课程建设，就必须提高对中外文学作品欣赏课程重要性的认识，制订科学完善的中外文学作品欣赏课程体系。只有做到这一点，才能切实提升中外文学作品欣赏的课程定位，从而扭转令人尴尬的教学现状。

2. 优化教材建设，优选课程内容

中外文学作品欣赏课程的基本任务是培养和提高学生的品德素养、人文素养和语言文字的表达能力。优化教材建设、优选课程内容是实现中外文学作品欣赏课程目标的重要保证。鉴于中外文学作品欣赏教材编写无序的现状，建议组织权威专家、资深学者和优秀教师重新编写中外文学作品欣赏教学大纲及配套教材，建设一套自成体系、特色鲜明、涵盖面广、兼容性强、具有权威性的经典教材，在教材结构上，要突破传统的以文章为本位的简单结构类型，采用以培养大学生语文能力为主线，兼顾文学知识的复合式结构模式，帮助学生巩固知识、培养能力、养成素质。在课程内容的选取上，必须与时俱进，克服现行教材普遍存在的“重古轻今”的现象，突出内容的时代性。要努力做到以下三点：（1）根据中外文学作品欣赏课程目标选择能够开发大学生人力的课程内容，使大学生的语文固性力、活性力和创造力都得到最大限度的发展；（2）选择符合语文学科自身特点的课程内容，凸显中外文学作品欣赏自身的人文性和工具性的学科特性；（3）选择符合大学生心理特征和认知特征的课程内容，体现高尚的人格理想和积极进取精神，给大学生提供审美愉悦和思维启迪。

3. 创新教学模式，改革教学方法

当今世界，科学技术日新月异，文化碰撞日趋激烈。伴随信息化社会到来的必然趋势是学习化社会的到来，创新中外文学作品欣赏教学模式，改革中外文学作品欣赏教学方法势在必行。

教学模式和教学方法是教师与学生为实现教学目标而采取的教与学相互作用的活动方式。教学模式和教学方法是能否实现课程目标的关键。中外文学作品欣赏教师要与时俱进，彻底革除“满堂灌”的传统教学模式和教材加黑板加粉笔单一的教学方法。教学上要努力做到以下几点：一是以师生讨论为主，讲授和讨论相结合；二是以课外学习为主，课内和课外相结合；三是以继承文化成果为主，继承和创新相结合。要将课堂教学辐射到课外，把教学内容和空间从课堂延伸到图书馆、互联网和社会之中，从而激发学生学习中外文学作品欣赏的兴趣。

现代科学技术的发展为中外文学作品欣赏的教学改革与创新奠定了基础。计算机辅助教学（CAI）创造了适合大学生认知活动的学习环境。中外文学作品欣赏等多媒体软件集声音、文字、色彩、图像于一体，该课程有必要充分利用现代科技成果，采用声、光、电、磁等现代教学手段，唤起学生的联想和想象，激发学生的创造性思维，调动学生学习中外文学作品欣赏的积极性与主动性，从而提高教学质量与教学效果。

4. 加强师资培训，稳定教师队伍

《中共中央国务院关于深化教育改革、全面推进素质教育的决定》中明确指出："建设高质量的教师队伍，是全面推进素质教育的基本保证。"要切实提高中外文学作品欣赏课程的教学质量和教学效果，其前提条件是必须充分重视中外文学作品欣赏教师队伍的建设，必须培养一大批优秀的中外文学作品欣赏教师，强化教师的专业素质，培养教师的敬业精神，提升教师的人格魅力，要进一步提高中外文学作品欣赏教师的地位和待遇，稳定中外文学作品欣赏教师队伍，彻底改变中外文学作品欣赏教师队伍"拉郎配"的现状。中外文学作品欣赏教师与中文专业教师在知识结构的要求上有所不同，他们必须是"通才"。中外文学作品欣赏教师不仅要具备坚实的文学专业知识和一定的教育学、心理学知识，还要善于吸收当代文学创作和研究的最新成果，把握当代文学热点话题，善于在教学中帮助学生提高文学鉴赏水平。

综上所述，只有提高对中外文学作品欣赏课程的认识，重新定位课程目标，优选课程内容，培养高素质师资队伍，创新教学模式和教学方法，才能强化中外文学作品欣赏课程建设，提高中外文学作品欣赏教学质量和教学效果，实现中外文学的作品欣赏的教学目标。

第二节　大学生中国近、现代历史素养

新一轮的课程改革引入了一个新的研究和实践的课题——核心素养，在教学一线和学术界引起了探讨和共研的热潮。核心素养是公民应具备的知识、技能、态度、品格与价值观以及创新、反思和自律的能力，使其能够实现自我发展、适应和融入社会，并形成终身学习的习惯、能力与潜质。

近年来，历史学科核心素养成为历史研究者和历史学科教育工作者广泛关注的课题。对历史学科核心素养的探讨并不完全是通识性质的，对它的研究应兼顾历史学科和教育教

学的目的和任务，借鉴历史哲学、史学理论、先进国家和地区的历史学科课程标准与实践等。在不断地探讨中，关于历史学科核心素养的构成已形成一定的共识。但是，我们还应从历史哲学的角度厘清一些认识。笔者将历史学科核心素养的构成归纳为这样一个逻辑关系：常识性历史认知→历史理解→历史解释→历史评价→思维性历史认知与能力→历史价值观与思维模式与习惯的养成。

一、常识性历史认知

（一）历史事实和历史认知的主观性

历史事实指曾发生过、存在过的真实的历史事件、历史现象和历史事物等，又被称为“历史存在”。“历史学者所关心的历史事实，经常是过去的人物、事件及相关时间和空间。”[1] 我们对历史事实的了解往往是基于古人留下的遗迹、实物和前人的记载、描述、考证等。历史事实往往被加入了研究者的历史理解和历史解释，据此有历史学家认为历史事实只是语言学意义上的存在，这种认识有一定的绝对性，我们不能因为研究者对历史事实解构意义上的阐述而否定历史事实的客观性。历史事实包括社会事实，社会事实是指经过人们或历史学家解读后的历史事实，社会事实的主观性成分也不能完全否定它真实发生过的客观性。文字史料和非文字史料都有其客观性与主观性的一面。

历史认知虽然具有主观性，但其认识的对象是客观性的。我们对历史事实的认知来自客观的独立于历史解释之外的历史、观念中的历史和研究中的历史，但在形成认知的过程中都会不可避免地受到认知主观性的干扰。“并不是客观存在的历史事实构成我们所相信的‘历史’，而是当前的社会事实（或社会现实）使得我们选择某些历史事实，或创造些对过去的想象，以某种方式来建构我们所相信的‘历史’。”[2] 这种认知的主观性缘于社会权力的干预和权威干预下的历史解释、社会价值观的时代性影响、历史构建者解释者评价者的立场与阐释目的以及史料的收集和整理情况。史学家兰克还提出史料记载者的性格和记载动机也会对我们的认知产生干扰。

我们认知历史的过程必然伴随着主观性，因此我们就应该考虑历史事实发生的社会语境、后人理解的社会语境。静态的历史需要我们去认知，动态的历史需要我们根据静态的史籍去展开联想和解释，这就需要我们具备实证精神和能力，将史料中的历史、观念中的历史和研究中的历史尽可能真实地还原成发生过的客观的历史，同时养成历史学习者和研究者的求真、求实的科学精神。

[1] 王珂明．反思史学与史学反思 [M]. 上海：上海人民出版社，2016.

[2] 王珂明．反思史学与史学反思 [M]. 上海：上海人民出版社，2016.

（二）时序性与空间认知

时序性和时空观是历史认知的基本立足点，应将所有对历史事实的观察、理解、解释和评价放在具体的时空条件下，这就是史学研究常常强调的历史的时代性。脱离其原本的时空去认知历史，就会使历史的认知走向随意，忽略历史认识与研究的客观性和科学性。

历史学家雅克·勒高夫指出：“时间以多种形式构成历史的特有材料”，“年代时序的阐释与生活经验的持续时间”应当保持一致。[1] 历史的时序性蕴含着历史发展的脉络和走向，也能够帮助我们认识历史发展的规律和未来。任何一种史实都发生在一定的空间，布罗代尔指出：“必须把任何社会实在归结为它所占领的空间。”[2] 历史空间构成了历史认识的一定范畴，历史空间的界定使历史认知有了可操作性。

“时间和空间，不管它是真实存在，还是属于人的思考中错觉的范畴，都是不可分割的统一体。”[3] 时间与空间能够帮助学习者和研究者实现对历史事实的基本定位，有助于学习者和研究者通过其时代特征和地域特征更好地理解和把握历史发展的特点和规律。历史的发展是动态而多元的，我们在认识历史时要关注历史时序的动态性和空间的转换。同时，时间和空间又有很大的相对性和伸缩性，时间的即时性和长时段、空间的微观考察和宏观考察会使我们的历史认识更具多样性和灵活性，但是，这种认识的相对性和灵活性不但不影响我们对历史认知的客观性，还会使我们的认识更为全面和科学。所以，历史时空的划分标准并不是绝对化和固定化的，对历史时空的多元划分有利于形成历史认知的民主与开放的环境，也有利于对历史认知个体和对象的尊重和理解。“历史时空观念素养是历史核心素养的基础和前提，依靠它的指引，我们才能将历史学习与研究融时间与空间于一体，通过回归人类经行的历程，探寻旧日的足迹及其影响。”[4]

（三）历史概念、历史语言和历史文本的认知

我们对历史的认识并非完全来源于自己的观察和实证，而更多地来源于经验、阅读和教育等其他途径。这些认识散乱而庞杂，我们需要对之加以理性的厘清，首先遇到的问题便是认知“概念”“语言”和“文本”。概念的内涵是对事物本质的阐述，概念的外延框定了事物本质和阐释所适用的时空范畴。对历史现象和历史事件的认识离不开历史概念的界定和归类。历史概念能够将动态的、多样的历史事实以一定的逻辑关系联系起来，历史

[1] 陈群志. 历史时间与时间历史——基于雅克勒高夫史学时间观的双重视角 [J]. 世界历史，2015（06）.

[2] 费尔南·布罗代尔．资本主义论丛 [M]. 顾良，张慧君，译．北京：中央编译出版社，1997.

[3] 汤因比，池田大作．展望二十一世纪：汤因比与池田大作对话录 [M]. 北京：国际文化出版公司，1985.

[4] 刘畅．我的历史四维时空观 [J]. 历史教学：中学版，2016（08）.

概念的逻辑关系构成了历史学科的知识体系。概念性本质认知有利于我们从纷繁复杂的历史知识中找到认识的出路和历史发展的基本规律与走向。

对历史事实与历史概念的理解和解释离不开对历史语言和历史文本的选择与运用。对历史语言和历史文本的选择与运用受其所处时代、语言特质和表述立场等因素的影响。历史语言、历史文本与历史事实本体之间存在着相互联系又相互矛盾的关系。历史语言能够表述一切历史事实，但历史语言不能完全等同于历史事实。所以，能够熟练地使用准确的历史语言去阐释历史事实并正确理解历史文本是历史学科核心素养的构成中至关重要的一环。建立在历史语言基础上的历史文本理解成为接触历史真实的媒介与障碍。“由于历史本身在实体意义上的不在场性，语言对存在的本体性意构关系毋宁说在史学文本中表现得更为典型与明显。”[1] 所以，我们要更多地考虑历史语言与历史文本对历史真实背离的程度和影响因素，同时又要尽力排除自己受到的历史语言和历史文本的干扰，力求更为精确地理解和运用历史语言与历史文本。历史事实本身并无差异，而历史的理解和解释却由于语言和文本及其体现出的认知水平、思维深度等因素的制约而体现出明显的差距。

二、历史理解与历史解释的厘清

“历史理解，实际上就是历史的理解和认识过去的思想方法。”[2] 历史理解指人们在对历史事物认知的过程中所形成的历史观念、历史方法、历史想象、历史态度和历史感悟。历史理解包括多重含义，首先是对历史事实及其所处时代和关联现象、人物和事物的理解，其次是对历史叙述的时代和关联现象、人物和事物的理解，再次是历史叙述和表达的主观性、心理预期或误解、价值判断的维度、意识形态的先入为主的认知、史学理论和方法论的选取等。“真正的历史对象根本就不是对象，而是自己和他者的统一体，或一种关系，在这种关系中同时存在着历史的实在和历史理解的实在，一种名副其实的诠释学必须在理解本身显示历史的实在性。”[3] 历史理解是对历史的真实性认同和历史事实的解构过程。可见，历史理解是一个被动认识多于主动改造的思维过程，受历史认知对象的影响较大。

历史解释是指我们在了解了大量史料后，依据一定的价值判断标准而对历史叙事和历史事实进行因果分析、综合评判的过程。它超越了简单的历史理解和历史叙事，而更多的是以理性、客观的认知历史发展的整体性过程，并从宏观与微观层面规律性地解构和建构历史事物的多元发展特征。历史解释要以一定的史学理论作为历史解释的依据，“历史解

[1] 周建漳．历史哲学 [M]. 北京：北京大学出版社，2015.

[2] 邓京力．历史理解与历史解释辨析 [J]. 历史教学月刊，2016（06）.

[3] 伽达默尔．真理与方法：上卷 [M]. 洪汉鼎，译．上海：上海译文出版社，2004.

释应是史论有机结合的产物，而在某种程度上也存在没有理论基础的历史解释”[1]。历史解释有其关注的范畴，它只是对历史事实本质的意义进行解释，在事物的发展变化中寻找历史发展的趋势与规律，并对其加以解读和说明。

历史理解和历史解释是一脉相承的历史认知和创造过程。历史理解重在认识历史事实，是回答“是什么”的思维过程，而历史解释则重在分析、解读、评价和运用历史研究的成果，将历史引向现实，是回答“是什么、为什么、我们应该怎样做”的思维过程。历史理解的意义在于认识过去，而历史解释的功用则在于如何借鉴未来。历史理解是历史评价、历史价值观、历史意识形成的基础，为历史解释提供前提，而历史解释则使历史事实更易于被理解和认知。

三、思维性历史认知与能力和历史评价的形成

重新建构历史是历史学习者和研究者的共同议题。质疑谬误、独立思考、批判品评是在历史认知过程中逐渐形成的思维性能力，这一认知过程和思维能力的养成使我们对结论性知识抱有审慎的态度，不盲从未经考察的经验性知识。“批判性思维者的人格品质包括探索真理、思想开放、系统性、自信、好奇心。作为具有批判思维的优秀思考者，应该是批判精神和思维技巧两者皆具，不可或缺。”[2] 批判性思维与认知的过程可以“分为五个有机环节：分析主题，判断信息的相关性与重要性，对观点、推论、主题和说明进行评价，构建清晰连贯的论证，形成合理的判断或决定。”[3] 对历史事实的常识性认知、历史理解和历史解释的渐进性思维过程就思维性认知和批判性思维能力的养成过程。

对史料的鉴别应该是思维性历史认知与能力的首要基础。剔除史料的主观性、非真实性的成分，认识史料的性质、语境、时代及史料作者的立场、动机、阶层、派别、身份和价值观等，进而判断史料的可信性和实用性价值。其次是对历史事物考证方法、观察角度的选定，以实践历史认知与思考的客观性、全面性和正当性，克服各种主观因素干扰下的对历史本真的探究，形成连贯、逻辑化的有效性认知。思维性历史认知与能力形成的过程既是一个怀疑主义的实践过程，又是一个实证主义的实践过程。“没有对历史的反思与批判，便不会有对现实的超越和创新。”[4]

---

[1] 邓京力．历史理解与历史解释辨析 [J]. 历史教学月刊，2016（06）.

[2] 季晓燕．批判思维，高中历史教学情智培育的应然选择 [J]. 新课程研究（上旬刊），2016（08）.

[3] 吴四伍，王峰．批判性历史思维的课程实践与历史测量的技能化反思 [J]. 历史教学：中学版，2013（04）.

[4] 薛伟强．中学历史学科特质述论 [J]. 历史教学月刊，2016（01）.

思维性历史认知与能力的最终成果是形成了一定的历史评价。历史评价是我们基于历史事实的历时性意义和共识性价值而形成的思维性历史认知，是我们对历史事实的价值认定，也搭建了一个历史价值与现实价值之间沟通的桥梁。“新的时代环境、新的社会环境使人们会产生新的需求，从而会形成新的价值关系，在新的需要与新的价值关系之间又会产生新的历史评价。”[1]这样，历史评价将统一性与多样性、稳定性与多变性、确定性与发展性很好地融合起来，历史评价也因此更具有科学性和发展性。

四、历史价值观与思维模式与习惯的养成

历史认知、历史理解与解释、历史思考与评价的最终结果是帮助人们形成成熟的历史价值观、健康的思维模式和习惯。何兆武先生曾谈到“什么是历史？什么是历史学？历史知识和理解的性质是什么？倘若不认真考虑并确切回答这些问题，就径直着手研究历史，那种历史知识就必然是盲目而又混乱的，有如盲人摸象；那样的历史学就连所谓‘科学的’历史学都谈不到，更遑论‘人文的’历史价值了”[2]。历史学科的特点是“它通过人的情感、意志等感性活动去领会历史的意义、价值和追求，关注人类的价值和意义等理想问题，追求人类认识的向善臻美精神”。[3]历史教育关注“人”的智识的发展、人的群体的发展，关心人作为社会存在的过去的、现在的乃至未来的发展。历史是培育人的民族认同和国家认同情绪的重要媒介。

历史认知、理解与阐释的另一个目标是帮助学习者和研究者形成积极的历史意识，养成思辨、反省的习惯和能力。“历史乃是文化在其中获得关于自己的过去的意识的一种形式。”[4]历史意识水平的提高是历史学习者和研究者对历史事实和现实的反思、判断和选择的结果。历史意识包括时代意识、发展意识，认同并尊重世界的多样性，尊重各民族、国家、群体的选择，对文明的差异具有包容的精神，具有世界视野和世界意识，胸怀天下，关照现实。正如余英时先生所说“真正的史学，必须是以人生为中心的，里面跳动着现实的生命”[5]。

基于历史哲学视角探究的历史学科核心素养，首先要符合历史学科科学性的特质，其次要符合教育科学的对“人”的培育目标。对历史学科核心素养构成的分析与解读，不是

---

[1] 邓京力．历史评价的理论与实践 [M]. 北京：人民出版社，2009.

[2] 何兆武．对历史学的若干思考 [J]. 史学理论研究，1996（02）.

[3] 徐金超．由求真以臻至善：作为核心素养的历史价值观 [J]. 历史教学月刊，2016（04）.

[4] 周建漳．历史哲学 [M]. 北京：北京大学出版社，2015.

[5] 何俊、余英时学术思想文选 [J]. 上海：上海古籍出版社，2010.

通过简单地以阐释概念、列举构成要素的方式来进行，而应探讨其构成介质之间的逻辑联系，并将它的构成伸展为横向与纵向的关联网络，这样才能真正地构建出历史学科核心素养的体系。

历史是过去的事实，凡经过者均应客观而真实地记录与书写，而不是有意识地“选择性遗忘”和“选择性记忆”。这也是由历史本身和历史学科特点决定的。在书史、治史、教史和学史的过程中，需遵循历史学“本真”的原则和其内在规律与路径，避免走入虚妄、矫饰和歧途。强调历史学科素养，要真正做到还原历史的本真和完成历史学科育人的使命，应以“学科素养”为重要任务和命题，探究历史背后的“历史”，最终解决历史“是什么，为什么，怎么做”这一历史哲学最基本的问题。

五、历史素养与历史学科核心素养的内涵

近年来，国际上兴起了关于“核心素养”研究的潮流，它反映了社会发展对于人的新要求。其中，经济合作与发展组织（OECD）和欧盟的研究成果是主流观点，前者指出核心素养是“覆盖多个生活领域的、促进成功生活和健全社会的重要素养”，包括“使用工具互动”“在异质群体中工作”和“自主行动”共三类九种指标；后者则将其定义为“在知识社会中每个人发展自我、融入社会及胜任工作所必需的一系列知识、技能和态度的集合”。

这股研究的浪潮也蔓延至中国，“核心素养”成为我国深化基础教育课程改革的新指向。钟启泉指出“核心素养是指学生借助学校教育所形成的解决问题的素养与能力，是作为客体侧面的教育内容与作为主体侧面的学习者关键能力的统一体而表现出来的，它是支撑‘有文化教养的健全公民’形象的心智修炼或精神支柱”。朱汉国认为“所谓核心素养是指学生在接受相应学段的教育过程中，逐步形成的适应个人终生发展和社会发展需要的必备品格和关键能力”，进而认为“所谓学科核心素养是以学科知识技能为基础，整合了情感、态度和价值观在内的，能够满足特定现实需求的综合性品质和相关能力，它是学生学习该学科（或特定学习领域）之后所形成的、具有学科特点的关键成就”。

以上国内外关于“核心素养”和“学科核心素养”的研究对我们进一步探讨历史学科核心素养的内涵及构成有所启示。

关于“素养”，吴伟从四个方面作了解释：一是指修习涵养，即理论、知识、艺术、思想等方面的一定水平；二是指平时所供养；三是指素质与教养，即养成的正确的待人处世的态度；四是指平时所养成的良好习惯。“素”是指一种长时间积淀下来的内在品质或者素质，它包括知识、能力、品德、思想观念和方法等；“养”则包含后天的教化、培育、

修习、陶冶等。据此，他认为历史学科呈现出的历史素养“是通过日常教化和自我积累而获得的历史知识、能力、意识以及情感价值观的有机构成与综合反映；其所表现出来的，是能够从历史和历史学的角度发现问题、思考问题及解决问题的富有个性的心理品质”。

朱汉国在确定“核心素养”和“学科核心素养”含义的基础上，进一步指出“历史学科核心素养是历史课程的总目标，是学生发展核心素养在历史课程学习中的具体体现”，它“是学生在历史学习中获知的关键能力和个人修养品质，是知识与能力、过程与方法、情感态度价值观等方面的综合体现”。

刘俊利从认识论的视角（包括研究动机、研究抓手、研究过程和研究成果四个方面），在归纳历史学的学术特征基础上，揭示历史学科素养的基本内涵包括：现实意识、证据意识、问题意识、融合意识和分层意识。

毛经文认为历史学科在教育学生过程中所体现出来的独特核心素养“即是‘时空逻辑、史料实证、发展眼光、多元联系、客观评判、置身理解’六个方面”，他希望学生在以后的人生中，时时、处处、事事都能具备“‘基于时空与实证、立足发展与多元、善于理解与评判’的价值理念与素养”。

张华中认为历史学科核心素养是“学生为适应现在生活及面对未来挑战，所应具备的核心历史知识、历史思维能力以及认同、尊重和融入历史的态度”，并对历史核心知识、思维能力和态度进行了梳理和概括，他提出：核心历史知识应包括时间知识、空间知识、人物知识、史观知识；历史核心能力包括运用时空知识准确表达历史能力、理解历史的能力、解释历史的能力和运用史料的能力；历史核心态度主要包括对自身的态度，对民族、国家和社会的态度，对世界各国和各民族的态度。

综上，从“素养”的本义延伸来看，历史素养应是个人通过历史学习而获得的历史知识、能力、方法与观念，或个人能够从历史学的角度发现、分析问题且运用历史学的能力来解决问题的内在涵养，它由历史知识、能力、方法和观念等组成。历史学科核心素养则应具备关键性、稳定性、独特性、生长性和实践性的特点。首先，它是学生在历史学习过程中形成的、解决实际问题所需要的最有用的历史知识、最关键的历史能力、满足终身发展所必备的历史思维；其次，它是最能体现历史学科价值的关键素养，属历史学科固有，无法通过其他学科的学习来代替；最后，它是历史学中最具学科本质的东西，不因时代和国界的不同而不同。因此，从历史教育的价值取向看，历史学科核心素养应包含时空观念、证据意识、历史理解、历史解释和历史反思五个方面。

六、历史学科核心素养的构成

（一）时空观念

历史是发展变化的客观过程，任何过程都存在于时间和空间之中。时空性是历史学科区别于其他学科的、最为显著的特点。“了解历史的时序，学会在具体的时空条件下对历史事物进行考察，从历史发展的进程中认识历史人物、历史事件的地位和作用”，目的在于学生时空观念的培育。历史的时空观念主要体现为：①了解基本的时间术语、分期方式和空间技能（如阅读历史地图）；②认识历史事实的阶段特征和地域特征；③理解特定时空下历史事件、历史人物产生和存在的意义。

（二）证据意识

历史的认识过程是通过历史证据的发掘来做出历史解释，这一过程必然要求证据意识的存在和引导。“学会从多种渠道获取历史信息，了解以历史材料为依据来解释历史的重要性；形成重证据的历史意识和处理历史信息的能力，逐步提高对历史的理解能力；学会分析和解决问题。”对应经济合作与发展组织（OECD）总结的核心素养，证据意识也可归属于“使用工具互动”这一核心素养的范畴。因此，无论是历史学本身的要求还是从历史教育的价值取向来看，都必须培养学生的证据意识。历史教学层面的证据意识具体表现为：①了解历史材料的不同类型，区分材料的来源和性质，认识其对解释历史的价值；②自主查找和收集材料，判断材料可靠性，规范地运用相关材料解决问题；③能够使用材料的证据来检验自已提出的假设，且推理、论证过程严密。

（三）历史理解

历史的发展受到一定的政治、经济、思想文化等因素的影响，这要求我们应尽可能客观地去理解历史，将历史理解作为学生历史思维能力的基本要求：“能够理解地阅读历史陈述；能够识别陈述结构中的基本要素（人物、状况、事件的前后顺序、起因及结果）；能够欣赏文学作品、艺术作品、文物及那个时代的其他记载所反映的各种历史观点；避免‘从现在出发的主观臆断’。”它旨在培养学生从当时人的眼光与经历看待历史，而不是用今天的标准和价值观生搬硬套地评判过去。结合我国历史教学的实际，学生历史理解的素养主要表现在：①能够理解历史文本呈现的主要内容及其意义；②设身处地认识具体的历史事实，并形成合理的想象与理解；③理解历史的原因与结果、动机与效果、必然与偶然；④认识历史文本的客观性、主观性和历史局限性。

（四）历史解释

历史只能透过史料证据来重新建构，所有的历史在本质上都是对过去的一种解释。“历史理解”旨在通过设身处地的认知尽可能接近无法全然再现的过去；“历史解释”则是以历史证据和历史理解为基础，有意识地对过去提出系统性的、合情合理的、因果关系式的说法。“能对历史事件的因果关系提出解释；能对相关历史事件、现象或人物的不同重要性提出评价；能分辨不同的历史解释，说明历史解释之所以不同的原因。”这种能力旨在培养学生形成自己的关于历史的解释，成为有批判性的思想者。因此，历史解释素养的培育需要实现：①能够通过分析、综合、比较、归纳等方法认识历史，准确解释历史事实发生的因果；②运用口头、书面等方式陈述历史发展的基本线索和各种联系，全面客观地解释与评价历史事件和历史人物；③能够史论结合、建构自己对历史的解释，能够运用正确的史观对不同的历史观点做出评价。

（五）历史反思

“以史为镜，可知兴替”，“读史使人明智”，这些都是在强调历史反思给予人类智慧的成长和正确价值观的形成。历史反思的意识与能力表现在对于历史问题的理性思考，这一反思的过程也是个人人生观、价值观和世界观的形成过程。学生历史反思素养的培育可通过：①感悟人类历史上的优秀文化成果，体会一定的价值观念、行为和制度对社会发展的影响；②对历史人物抱有同情的理解，从其经历中汲取有利于自身发展的教益；③理解中外历史发展的多样性与特殊性，运用科学的历史观和方法论，客观、全面地看待历史与现实问题。

我们的学生终将离开校园，当他们走进社会时，历史学科能够带给其终身受益的便是他们在学习历史的过程中形成的这些核心素养。时空观念能够让他们养成在具体的时空下考察和认识现实社会的习惯；证据意识能够赋予其实证和理性精神；历史理解能够让其形成尊重、理解他人与客观处理问题的态度；历史解释能够让其以全面、发展的眼光来看待和评判社会与生活中的问题；历史反思则可以让其从历史上汲取诸多教益，最终在实践中体现历史的价值。

第三节　大学生科技哲学理论素养

进入 21 世纪以来，在社会经济稳健发展的势态之下，科学技术哲学的研究领域也进一步扩张，基于传统模式下所研究的主要内容为自然观以及科学观，而近年来则向自然哲学与科学哲学等方面延伸。

现状下，对于科技哲学的研究，重点放在了科学技术方面，与此同时科学哲学与自然哲学，则属于科技哲学研究过程中的延伸部分。科技哲学相关联的问题很多，并且具有较强的针对性，能够对人们的思维方式以及生活方式产生极大的影响。科技哲学如果能够对知识结构创新的问题进行深入研究，那么将会使科技哲学所研究的领域范围进一步扩大，从而对社会经济的发展带来有力地推进作用。

一、科技哲学的前沿分析

（一）思想流派纷呈方面

科学文化哲学在现代西方文化科技中的研究中占据重要位置，例如女权主义以及后殖民主义便是耳熟能详的哲学文化，并且这些哲学文化有助于人类文明的进步。进入 21 世纪，在自然科学范畴当中，人文社会科学逐渐渗透进来，虽然女性主义在科学界所维持的时间较为短暂，但是从人文社会科学的角度分析，可以看出它以独特的视角很好地对主体科学进行了理性的批判，与此同时，还构思了有关女性主义科学的一些假想及实践。对于哲学研究来说，不仅仅局限在上述所论述的内容当中，还涵盖了政治、文化、科学以及技术等，这些均会对我国科技哲学产生尤为深远的影响。

（二）意识形态批判方面

对于科学文化哲学来说，里面所研究的学科及内容诸多。我们知道学科之间是存在一定的差异性的，进一步便会呈现科学划界等问题，以所发布的学术论文为依据，可以看出科学文化哲学意识形态是存在批判这一特质的。通过批判便能够认识问题的存在，从而剖析问题的根本，为解决问题提供有效依据，这显然也是科技哲学值得深入研究的关键优势之一。结合近年来在各大学术权威网站所发表的文章来看，基于科学文化哲学中有关于意识形态批判的文章占了 3.6%。从学术分支广泛的层面分析，这一数据很好地说明了现状下在科学文化哲学中意识形态占据有利地位。对于哲学文化批判讨论来说，其前沿问题主要体现在两大方面，一是科学，二是人文。因此，科学主义与人文主义两者之间所存在的相关性成了诸多学者所研究的对象。有学者经研究表明：在人文与科技哲学两者充分融合的前提下，才能够使哲学科技充分有效地发展起来，进一步使科学文化哲学在促进人类发展过程中的作用充分有效地展现出来。

（三）科技哲学的热点问题分析

对于未知世界，吸引了大批学者进行探索，并且在探索过程中通常带有极为强烈的哲学思辨色彩。这是由于未知的不可预知性，在事实缺乏有效证据的前提下，哲学思辨便发挥了一定的作用。恩格斯说过："历史在发展演变过程中的不同时期所呈现出来的丰富经验能够对自然科学的研究起到极大的帮助。"这说明了，自然科学的研究需要依赖于历史，并将历史作为自然科学理论在构建方面的重要参考凭据。

二、科技哲学的发展趋势探究

（一）科技哲学将延伸到对自然界进行研究

对于科技哲学来说，其内容是包括诸多观念的，比如世界观、方法统一论以及马克思主义哲学论等。基于对科技哲学发展历程分析，它能够对自然界自身的辩证法进行研究，从而形成独特的科学自然观。显然，科技哲学在未来发展过程中，将延伸到对自然界进行研究，从而形成正确的科学观与自然观。随着科学问题、社会问题以及自然问题等一系列问题的出现后，便能够形成合理性高的自然哲学。大学生要逐渐培养有效区分天然自然和人工自然的能力，为进一步解决社会问题与自然问题提供充分有效的保障。

（二）科技哲学的多元化发展

科技哲学要想在未来中更具有发展空间，朝向多元化发展是一大必然趋势。所谓多元化发展便是和社会科学、人文科学等充分融合，从而使科技哲学的研究更加丰富、更加具有价值性。对于人文科学问题来说，主要体现在对人生观、价值观的思考，主要研究人生的意义何在。换而言之，便是研究"人为什么要活着，为什么而活？"对于这个问题，各抒己见，马克思主义与非马克思主义所做出的回答存在很大的不同。但是，对于物质决定精神这一学说，我们是无法否认的，因此正确答案只有一个，最为明显的例子便是，西方一些较发达国家在发展过程中，受到科学技术发展的影响，其自身传统价值观念也会随之改变。针对"物质决定精神"这一学说，对其进行分析，便能够看出为什么美国洛克菲勒家族会将自身所持有的家产贡献出来，设立慈善机构，建设学校。从某种意义上而言，便是对资本私有制进行否认的最好解释。总之，美国洛克菲勒家族将自身所持有的家产拿出来做慈善事业的行为正是对学术研究的最好支持。与此同时，该家族的这种做法也是科技哲学与社会、人文等多元化融合的有效体现。做好科技哲学与社会科学与人文科学的充分融合，能够使科技哲学的科学基础更加扎实。除此之外，在新的学科纷纷呈现的基础上，便极有可能会产生一些分支学术研究内容，比如生物工程、生命科学等。在这些研究领域加以完善，显然能够为社会的进步带来不小的推进作用。

从科技哲学的前沿的角度分析，可以发现科技哲学与人文哲学、社会哲学等密不可分，能够让人思考人生观、价值观等问题，同时深入研究还有助于现代社会经济的发展。除此之外，科技哲学要想在未来发展过程中更具发展前景，一方面需要将科技哲学向自然界的研究领域进行延伸；另一方面需要让科技哲学朝向多元化方向发展，与社会科学、人文科学进行充分融合，从而使科技哲学研究内容更加丰富、更加有价值。

三、科学社会学对科学技术哲学的价值

科学社会学对于科学技术哲学的价值主要表现在以下几个方面。

（一）开阔研究视野

众所周知，我国的科技技术哲学研究主要来源于两个方面，一个就是恩格斯的自然辩证法，另一个就是西方科学哲学。不可否认，西方对于科技的研究比我们多得多。现在我就这两个研究理论提出看法，首先，就是自然辩证法中的科学研究主要是哲学层面，主要考虑社会与科学之间的联系，主要研究重点在于自然辩证法的理论前提，同时，西方哲学主要的研究思路就是从科学的角度上研究。将这两种研究思路结合来看，两者都缺少对于社会和科学之间的联系的研究，因此，科学社会学中研究的问题对于科学哲学来说有着开阔视野的作用。如果将两种学科结合起来，能够使得人们对于科学的认识更加全面，在当前的社会背景下，也有越来越多的人将科技哲学的研究领域拓展到科技社会学的层面。

（二）提供研究素材

科学社会学对于科学哲学的第二个益处就是科学社会学能够为科学哲学提供更多的研究素材。科学社会学更贴近现实生活，在研究科学社会学中大多会采取实例分析来研究。而科学社会学中的研究素材对于科技哲学也同样适用。首先，科技社会学能够为科技哲学提供进一步的研究基础；其次，也对科技哲学的研究能够起到启发作用，很多时候，经验之谈对于科学研究是很重要的；最后，两个学科相互联系，能够提供更多的研究思路。

（三）深化理论观点

我们不可否认，欧美国家的科学社会学代表人物大多都有丰富的学术知识和较高的科学素养，尤其是每个社会学家都有自己的哲学渊源，能够形成多种社会学流派。正是因为这些社会学家都有自己的理论观点和代表思想，所以，科学社会学能够给科技哲学带来新的冲击。科学社会学能够给科技哲学带来一个新的发展机遇，同时科学社会学对于科技哲学来说也是一种挑战。有挑战就有进步，科技哲学的研究者通过对科学社会学中的问题进行研究，能够使得科技哲学的理论知识更加丰富，深入研究问题有助于提高研究人员的自身水平，对于科技哲学的研究来说，这无疑是一件好事。科技哲学研究者通过对科技社会

学的研究可以发现，在科技哲学的研究中考虑的社会问题也会更多，偶然因素和非理性因素也会纳入研究的范围。从更深的层面上说，通过研究科技社会学中存在的问题能够深化科技哲学的观点。

现代科技概论课程作为文科物理课程的衍生课程，为培养大学生的科技素养发挥了十分重要的作用。对于众多的普通高校本科大学生来说，提升他们的科技创新能力的前提条件是使他们接受严格的科研训练，首先就是让他们对科技有个初步的了解和认识，所以开创现代科技概论课程是对大学生的科技素养提升的一个必要途径，也是一个可以从某种角度提升大学生创新意识和创新能力的有效途径。开创的现代科技理论课程是大学生人才培养的重要组成部分，严格的科研训练有助于增加大学生的理论知识，有了完整的知识结构才能指导实践。在很多的普通高校中开设了这门课程不仅可以提高学校教师团队的教学水平和业务水平，还能有效地锻炼学生的科研能力，并增强他们的科技研究个性化，也有效地提高学生的科学素养。科学本就是枯燥乏味的研究学科，要想使学生学好，现代科技概论课程就必须培养一个精英教学的教师团队，以此来培养学生对科技研究的兴趣，本篇文章主要讲述了开设现代科技概论课程对提高大学生科技素养的必要性和本课程的特点，以及如何来提高大学生的科技素养研究讨论的，我们要积极开展创新教育活动，设立相关的规章规范，为本科大学生营造出良好的科研训练活动范围和质量，要从理论知识和实际训练这两个方面进一步提升大学生的创新精神和科技素养。

四、现代科技概论课程的开设对大学生科技创新的必要性

（一）加强对理论知识的认知，形成完整的知识结构域

每一届的考生都注重成绩而轻视实践，即使在上学期间也没有得到很好的练习甚至出现没有训练的情况，久而久之就会形成了一种教师和学生们侧重于知识点而忽略了基本技能与实践的不良习惯，我国的学生普遍有这样一个特点，那就是无论什么样的考试题我们都可以对答如流，但一谈到实际动手能力时就相对较弱，长期如此导致我国的大学生缺少了创新意识和实际操作的创新能力，开设现代科技概论课程就是要弥补大学生狭窄的知识面，开拓了他们综合运用能力和实际技能以及科技创新等综合能力，为的是满足于当代快速发展的社会经济发展和科技水平的提高。针对这一课程的内容，通过教师们的指导使学生对某一方向或专题进行探讨研究，用理论知识联系实际，把书本上的知识点和各个概念渗透到实践中，还可以通过自己的判断和社会的走向来了解当前学科专业发展的前景和最新动向，让大学生积极吸取知识开拓他们的视野，从而进一步形成完善的知识结构来提升

大学生的科技素养。

（二）提升科技素养，增强科研训练能力

科学研究是什么？它又有怎样的意义呢？所谓科学研究是指为了增进知识包括关于人类文化和社会的知识以及利用这些知识去发明新的技术而进行的系统性的创造性工作。严格的科研训练是让大学生能够在参与科学研究的全过程的，同时还能明确科学研究的基本方法，以此来提高大学生科技素养。开设这门课程是让大学生运用所学的知识去发现并解决问题，增强他们的科研训练能力。遇到实际问题可以有效地分析问题的综合实践活动。可以说开设现代科技概论这一门课程和严格的科研训练是必不可少的，在面对科技研究时更加严谨地工作，培养大学生对科技研究的兴趣，进一步提升他们的科技素养和增强他们的科研训练能力。

五、明确现代科技概论课程目标定位，提高大学生科技素养

现代科技概论课程是一个综合性很强的学科，这本课程的开设目的对全面培养和提升大学生科技素养有着积极的作用。不论是文科还是理工科的学生都会存在科技素养较低的现象，他们还存在着创新精神与创新能力的不足之处。科学教育不止针对某一类学科的对象，而应该是面向全体学生。科学包括很多方面——人文科学、自然科学等，虽然各个学科之间各有千秋，但又有相通之处，这要求我们有创新能力与开拓精神。已经确立课程教学目标，还要明确培养当代大学生科学素养的基本维度，让他们运用所获得的科学知识来定位科学知识界定的问题，解释眼前的科学现象并对其做出相应的科学依据的推论。当代的大学生明确科学是人类进步的体现，了解科学技术是如何创造我们的物质文明和精神文明，开设这一课程来促进大学生科技素养有着积极作用。

人类只有不断地创新和开拓才会有更高的物质追求和精神文明的升华，所以说科技的进步关键在于创新。很多大学生还缺乏创新的意识和能力，一个民族的进步需要创新，一个国家的进步也需要创新，创新是进步的灵魂。大学生是国之栋梁，是国家注重培养的对象，他们的创新能力是国家发展的不竭动力，培养大学生的科技素养和科研训练能力对促进祖国的繁荣昌盛和稳定以及人类社会的发展是非常重要的。开设现代科技概论课程的主要宗旨是弘扬科学精神，提高大学生的科技素养。教师们在教学过程中应该围绕以创新精神教育为中心，理性精神和求实精神教育为两个基本点来展开对大学生的科学精神的教育，这也是开设这门课程的真正意义。

第三章　大学生人文素养基础理论

第一节　大学生人文教育导论

人文教育是培养人的独立思考、自主意识、正确自我认知和发展的重要途径，本节从人文和人文教育出发，阐述了人文教育的必要性，大学在人文教育中存在的问题及提升大学生人文素养的途径。

一、人文教育的起源发展

“人文”就是人类文化的简称，是人站在自身或者其他角度，用自己或别人提出的方法对世界中已知或未知存在的客观事物或现象进行理性思考而总结出符合世界发展规律的、又能被大众接受的属于个人主观的知识点。

人文是一个动态的概念，随着社会和科技进步其内涵和外延在不断丰富。人类文化的各种现象就是人文，这是《辞海》的表述。人类或一个民族或种群共同具有的符号、价值观及其规范就是文化，而文化的核心是价值观，规范包括习惯规范、道德规范、法律规范等。无论在西方还是在东方，人文作为人类文化的一种基因，作为一种朴素的习惯和意识，人文可谓源远流长。作为社会潮流，普遍文化，成为更多人、更大人群共同具有且发展为稳定的价值观及其规范，出现在我国春秋时代。傅斯年先生曾经指出：春秋时，人道主义固以发达，“人文”一词最早出现在《周易》“贲”（六十四卦之一）卦，“文明以止，人文也”。指修饰，修饰美，故曰“美在其中”。

人文在 12 世纪时通过阿拉伯人传到西西里的罗杰二世与英格兰的亨利二世朝代，15、16 世纪文艺复兴时期得以昌明，法国启蒙运动时期、美国独立宣言和法国人权宣言时期得以形成，一百多年前马克思、尼采、罗素时期得以反思，在 20 世纪中后期的现代时期得以发展。联合国在人文发展期发表的两个人权宣言是人文法制化、国际化的标志，马斯洛提出的需求层次理论和个人自我价值实现的论点，成为现代人文思想杰出的代表，推动其达到巅峰。

伴随着历史进程，人类社会已经发生了深刻的变化。人文革命——文艺复兴运动，科技革命——近代科学相继诞生，并由此出现两大观念：一是人文观念：尊重人；二是科学观念：尊重规律。之后是蒸汽机时代、到电气时代直至电子时代共三个阶段的工业革命，人类社会更是因此而巨变。

人类社会在20世纪发生了以信息化、知识化、民主化、全球化为标志的一场新革命。社会本身和人的社会地位都发生了根本性改变。从过去人被视为“工具人和经济人”，而发展到当今社会的“社会人和文化人”。个人价值不仅得到充分承认，而且人和人相互沟通与相互认同能够顺利实现。

人文是一种思想和观念，但同时人文也是一种制度和法律。人文思想是建立人文制度的理论基础，人文制度又是人文思想得以实现的制度化和法律化的保证。人文真正确立的标志是人权观念的诞生、人权法制化、人权法律化、人权国际化。对人权观念的认识和人权的发展是实现人文思想的根本保证。由人民出版社出版的《童子问易》强调：“《易经》讲，物杂成‘文’，乾道变‘化’。阴阳矛盾相博弈的表现无非就是‘文’与‘化’，世界各国的最终较量也在于文化。我们要重新赢得世界尊重，还须依靠悠久灿烂的文化传统。”

人文教育是指教育者对受教育者所进行的一系列实践活动和意识活动，进行一种“促进人性境界提升、理想人格塑造以及个人与社会价值实现的教育”，人性教育是人文教育的根本，人文精神的涵养是人文教育的核心。人文教育迄今为止并没有一种确定且公认的含义，而通常认为表达着以下几种含义：一是人文主义教育，二是人文学科教育，三是关于“成人”教育。人文教育的基本内涵被多数研究者定位于关于“成人”的教育，即第三种。稍加注意就会发现：人文文化和科学文化具有统一性。树立和培养人是教育的根本出发点，并应在价值观念方面确立人本位与社会本位的辩证统一观，注重基础性教育和专业性教育的融合一体性，而非排斥分离性，在此基础上如果吸收前两种人文教育所表达的基本精神，那么人文教育被界定为成人教育之观点就彰显其高度了。人性教育是人文教育的核心，人文教育核心是涵养人文精神。需要通过文化知识滋养，文化氛围陶冶，文化传统熏陶和人生实践体悟等多种途径来逐步实现，不但需要重视由外至内的文化养成，而且需要心灵觉醒和强调自我体悟，要求理解和重视人生意义，并以“老吾老幼吾幼”的精神关爱社会、关爱他人。

人文教育的本质乃是弘扬人性，以人文精神为价值取向的教育。加强大学生人文教育，提高大学生的人文素质，已经成为我国高等教育面临的迫切任务。为此，我们必须加大力度健全高校的人文教育课程体系，强化教师的人文素养提升，全方位地重视校园文化建设。

二、人文教育内涵及大学生接受人文教育的主要途径

（一）人文教育内涵

“人文教育”是当今教育理论界应用比较普遍的一个专业术语，尤其是20世纪90年代以来，“人文教育”一词的使用变得相当广泛，然而，对于人文教育的内涵，国内外学术界并没有一个严格统一的界定。通过对人文教育历史发展和演进的概括研究，认为人文教育的本质乃是弘扬人性，以人文精神为价值取向的教育。它以对学生主体性的尊重为前提，以个人潜能的最大发展为目标，以发展学生正确处理本我和自我关系、人己关系、物我关系的能力为目的，指导学生的行为朝着合人道、合规律、合人类共同利益的方向发展。

（二）大学生接受人文教育的主要途径

1. 人文课程

人文课程主要包括政治类公共必修课程和人文类选修课程。政治类公共必修课作为人文教育、通识教育的主阵地，无论是培养“通才”或是“专才”，其所能发挥的巨大作用都是毋庸置疑的。选修课作为人文教育一个重要的补充方面，以提供丰富多样的课程来增强学生选择的灵活性与自主性，充分激发学生的学习潜能，以促进学生既全面又个性地成长。

2. 教师的人文关怀及知识传授

在人文理念真正走入学生心灵，影响学生为人、为事的教育过程中，教师发挥着巨大的作用，其言谈举止、学术素养等都会潜移默化地影响学生积极价值观的形成。影响教师对学生进行人文教育的主要因素有：教师本人的人文素养、专业课上人文知识传授和师生互动交流中的人文教育。

3. 校园文化环境

校园文化环境潜移默化地影响着大学生人文知识的积累、人文素养的形成及人文精神的熏陶，健康高雅的文化环境对于大学生的成才成长起着不可低估的催化作用。高校校园文化的主要载体有图书馆、人文知识讲座、学生活动、社会实践和宣传教育媒体等。

三、大学生人文教育现状及需求调查

（一）大学生人文教育现状

长期以来，我国的高等教育过分强调科学教育的重要性，甚至以科学教育代替人文教育，导致我国的人文学科教育远远落后于西方国家，不能适应我国改革开放和经济社会发

展对高素质人才的需求。因此，加强大学生人文教育，提高大学生的人文素质，已经成为我国高等教育面临的迫切任务。

自 1995 年以来，高校开始逐渐重视并实施人文教育，高等教育中专业教育过窄、人文教育过弱的现象得到了一定改善。但是，高等教育中“重理工、轻人文”的倾向仍然存在；大学校园中商业气息屏蔽人文氛围的现象比比皆是；大学生信仰危机和价值观的迷失也非常普遍。目前各高校虽然对于人文教育的重要性有一定认识，但在落实中却存在诸多的问题：高校领导、教师和学生对人文教育的理解不到位，课程体系不够规范，学生及教师素养还需提高等。在人文教育推进过程中，教育管理者应该考虑学生到底需求什么样的教育模式。通过对综合性大学本科生的抽样调查，从大学生需求的角度探索加强大学人文教育的改革对策。

（二）对大学生人文教育需求的调查研究

以地方大学——温州高校的在校专科生为调查对象，选取 25 个专业的学生 900 名，采用问卷调查法和访谈法进行抽样研究，旨在从大学生对人文教育的不同需求中，描述这一群体需求现状的主要特征，进而针对其需求与受教育现状间的矛盾，对大学人文教育提出建设性的建议和对策。

（三）对人文类课程的需求

1. 政治类公共必修课程

多数学生认为该类必修课知识体系较完善，能够发挥人文教育主渠道的作用，但课堂教学质量有待提高，课程体系结构有待进一步完善。被调查学生普遍对艺术、文学、历史学类的课程兴趣较高，认为有必要增设《大学语文》作为公共必修课。

2. 人文类选修课

多数学生认为现有人文类选修课在教学质量、课程种类等方面不能较好地满足他们的需求，希望能够增加文史哲类的选修课程，其中女生对艺术类课程的兴趣高于男生，对于理工类课程的兴趣要低于男生。

（四）对教师的人文关怀及知识传授的需求

对教师人文素质状况的调查表明，大多数学生对于教师的人文素质持积极的肯定态度，认为政治类公共课老师和专业课老师都具有一定的人文素养，多数学生希望专业课老师能在课程上渗透社会热点话题、交往艺术、文化历史、哲学思辨方面的信息。

（五）对校园文化环境建设的需求

调查结果显示，图书馆能满足各年级、各专业学生的基本需求；对于高质量人文讲座的需求较突出，其中人文社科类学生的需求更加显著；对于校园文化活动，多数学生认为大部分都流于形式，没有文化内涵；对于社会实践类活动，多数学生表示很感兴趣，但是缺乏经验和参与渠道，其中女生认为很感兴趣但缺乏实践渠道的比例要高于男生，男生对于此类活动持消极态度的比例要高于女生。人文社科类学生的实践行为及态度要好于自然科学类学生。

四、加强大学生人文教育的建议及对策

通过对大学生人文教育现状及需求调查研究，加强当代大学生的人文教育应该从以下几方面着手：

（一）健全高校人文教育课程体系

在大学教育中，人文教育与人文课程是密不可分的，人文教育的价值属性需要依赖于课程来实现。人文教育的关键在于它能够提供多少可以转化为学生心灵的东西。在今日的大学教育中，课程比专业更基本、更关键、更重要。课程是大学教育质量和特色的基石，人文课程的设立和完善对加强大学生人文教育显得尤为重要。

人文课程的设置应具有根基性、导向性、统领性、互补性、和谐性、民族性和本土性等特征，人文课程不仅要传授知识，还需要为受教育者提供职业训练。做好高校人文教育课程体系的设置与完善，应该做到以下三个方面：

1. 构建科学的人文教育课程体系

首先，要给人文类课程以足够的重视和充足的学时。大学本科生的课程主要由公共必修课、专业基础和必修课、专业选修课和公共选修课几个模块组成，我们认为包括政治思想教育类、历史类、体育、外语、计算机类课程在内的公共必修课，以及不同学科相互交叉指定或任选的文学艺术与科学教育等课程，总计学时不应少于大学三年总学时的 28%。

其次，在设计具体课程时，既要体现综合大学文理科之间的差异，又要考虑到不同类别课程的交叉对大学生人文知识的构建和科学精神培养的潜在影响，还要综合考虑各学科类别的学生所具有的不同的知识基础。

2. 强化通识教育意识，促进专业课程教学中人文教育的渗透

在高校课程设置过程中，人们往往把人文教育与科学教育完全隔离，阻断了人文教育在科学教育专业课程中的有效实现。随着人文教育研究的广度和深度不断提高，越来越多

的人意识到人文教育的实现需要加强与科学教育的有效结合，实现人文知识在专业课程中的渗透，需要不断加强通识教育意识。19世纪初，美国博德学院的帕卡德教授在《北美评论》撰文中就曾写道：“我们学院预计给青年一种共通的教育，一种古典的、文学的和科学的，一种尽可能综合的教育，它是学生进行任何专业学习的准备，为学生提供所有知识分支的教学，这将使得学生在致力于学习一种特殊的、专门的知识之前对知识的总体状况有一个综合的、全面的了解。”[1]西方高校特别是美国的人文教育发展到今天已经系统化和具体化，而我国大学教育仍有很大的不足，因此，加强通识教育意识，使人文教育进入科学教育这个大学教育的主渠道，才能真正在大学教育中得到充分体现。在专业教育中融入人文教育，让学生在潜移默化的过程中提高人文素质。

3. 推进人文教育课程教学内容与方法改革

针对大多数学生非常希望教师能避免“一言堂”模式的教学，更倾向于“以有趣的活动吸引学生参与到课程的学习”的学习需求。推动人文教育课程教学内容和方法的改革势在必行。

首先，在人文课程教学内容的选取上要注重人文方法的传授。人文方法是指人文思想中所蕴含的认识方法和实践方法。人文方法表明了人文思想是如何产生和形成的。学会用人文的方法思考和解决问题，是人文素质的一个重要方面。科学方法强调精确性和普遍适用性，而人文方法强调确定属性，强调体验，与特定的文化相连。

其次，在教学方法改革上，要加强课堂教学方式改革以及课外文化素质教育实践基地建设。教师在组织课堂教学过程中必须带有亲和力，不能“独断专政”，要让学生有一定的自由度，充分调动学生的兴趣，使他们参与到课堂中来，整合各方面的因素，把练习和延伸拓展进行优化设计，这样的课堂才有活力、有智慧和情趣，才能真正让学生成为学习的主人；在课外实践环节上，积极建立大学生文化素质教育基地。建设大学生文化素质教育基地，要依托学校所处地域的文化条件和资源优势，充分利用国内丰富历史文化资源，组织学生开展历史文化考察和民间文学采风活动等实践活动，鼓励学生申报与地方历史文化相关的研究性课题，在教师的指导下，形成研究成果，从而促使学生在丰富多彩的地方文化实践活动中感悟中华文化的人文精神与人文力量，促进人文知识对学生心灵的渗透，对学生的身心发展起到量变式的启发和影响，进而阶梯式地达到质变效果，让学生受益终生。

（二）加强教师人文素养的提升

转变教育观念是加强人文教育的基础，改革、完善教学体系是加强人文教育的根本手

[1] 李曼丽 . 通识教育——一种大学教育观 [M]. 北京：清华大学出版社， 1999.

段，而提高广大教师的人文素质是加强人文教育的首要前提。

教师的人文素养就是教师所具有的人文精神及教师在日常活动中体现出来的思想、道德、情感、心理、性格和思维模式等方面的气质和修养。教师人文素养的提升要求教师自身要不断地加强人文知识的学习，同时，具备在实践活动中能够广泛应用人文知识的能力。

由问卷调查可以知道，学生普遍希望老师在传授专业课知识的同时渗透一些社会热点话题的信息（70.4% 的学生认同），还有相当一部分学生希望老师传授一些人际交往、公关礼仪等方面的知识，据此我们认为，全面提高师资队伍的人文素养，从以下几方面着手更为有效：

1. 要加强学科间的交流，改善和优化教师的人文知识结构

由于我国院校长期以来实行重“专业”轻“基础”人才培养模式，教师只重视本专业知识的要求，而忽视了对其他专业知识的掌握和了解，因此出现了大学理工类教师的人文素质相对较弱，文科教师的科学素养相对较低的现象。教师文理不能兼通的局限，使得学生既不能在科学教育中充分感受到人文的熏陶，也无法在人文教育中体会到科学的力量。为此，加强学科专业间的相互交叉，促进不同专业教师间的相互交流，已成为学校专业人才培养方案设置，以及改善教师人文知识结构中一个亟待解决的问题。

2. 教师要广泛阅读，开拓自己的视野

从我们的调查分析可知，多数学生希望在课堂学习中学到更多的课外知识。所以作为教师，既要关注社会热点现象，也要注重优秀的文化传统学习。教师应努力完善自己的知识结构，因为只有“完整”的教师才能培养出“完整”“健全”的学生。

3. 强化教师的责任意识

人文教育不仅仅是掌握一门“交际礼仪”或“音乐鉴赏”，而是在于引导学生懂得人类社会的价值，包括生存的价值、社会的价值、美学的价值等等，通过这些价值导向作用，使学生成为有个性、有思维、有境界的人。这就要求教师在教学工作中要有高度的责任感和敬业精神，能够做到身体力行，不断增加和提高自己的人文知识和业务水平。

（三）加强校园文化建设

校园文化是学校本身形成和发展的物质文化和精神文化的总和。由于学校是教育人、培养人的地方，因而校园文化一般取其精神文化之含义。即学校共同成员在学校发展过程中，逐步形成的包括学校最高目标、价值观、校风、传统习惯、行为规范和规章制度在内的精神文化，以及校园建筑、校园景观、绿化美化等物质文化，其中以精神文化为第一要义，因此，校园文化是师生精神风貌、思维方式、价值取向和行为规范的综合体现。它在一定程度上彰显了学校发展的独特理念与发展特色，可以说，改善校园文化环境是加强人

文教育的重要途径。

1. 丰富图书馆人文类书籍，开展“名著阅读”活动

在调查中得出 78.5% 的同学认为图书馆的人文类书籍能较好地满足他们的需求，但是仍需丰富。高校图书馆应该在丰富人文社科类书籍的同时，通过开展“名著阅读”等活动，提高学生阅读人文经典著作的兴趣。

2. 提高校园文化活动质量

我们调查到有 88.4% 的同学认为学校比较缺乏人文类讲座，尤其是自然科学类专业的学生对于此类讲座的需求更加强烈；对于校园活动，66.3% 的同学则认为目前大部分活动流于形式，并无文化内涵；对于一些社会实践活动，人文类的学生则表现出极大的积极性，但是学校提供的平台较少。针对此类现象，学校方面应加强校园文化建设，一是增加高质量人文类讲座的举办，同时做好宣传工作，让学生有更多的机会与大师接触、与名家接触，体悟人文精神之美；二是开展健康向上、格调优雅、内涵丰富的学生文化活动，对学生会、社团等组织的活动严格把关，防止活动过滥、过杂、过吵，坚决杜绝“形式主义”；而对于社会实践活动，除每年暑期各学院、社团组织的实践活动外，建议各学院增强实践基地的建设，让学生能够在暑期获得实践学习的机会。

3. 提升校园“软”“硬”件水平

作为育人场所的学校，在校园建设中要充分体现人文关怀，着力营造书卷气息和儒雅氛围，为人文教育提供良好的外部环境。为此，应当做到：一是要精心设计，构建绿化、美化、知识化的校园环境；二是要与时俱进，倡导开拓、进取、创新的人文环境；三是要以人为本，优化发展个性、培养特长的活动环境。

五、加强人文教育提升大学生人文素养的途径

1. 确立合理课程比例，适当增加人文学科学时

应由教育主管部门提出要求，采取强制性和自我激励的双重措施提高学校和学生对人文学科的重视程度。选好选准突破口，确定人文教育内容。人文教育的范畴和内容应当涵盖文学、艺术、历史、政治、法律、音乐、美术等，具体教学内容在与时俱进的同时，也应该具有永恒的不变的经典部分。

2. 建设靓丽校园文化，塑造良好人文环境

强制性课程的设置目的是奠定和形成良好的人文气氛和环境氛围。校园的文化建设，人文文化沃土的培养，人文精神的内化、人文素质的提升，需要高校开展系列的持续的活动来保证其实现。

3. 引导学生价值取向，达成人文素质教育的共识

人文教育不仅关系到个人的价值观人生观和独立精神的培养与发展，而且也事关全社会的价值取向和发展。对于塑造一个民族独立自主、自强不息的精神，持久旺盛的生命力、源源不断的创新精神，团结一致共同奋进的民族凝聚力都具有极大的现实意义和深远的影响。

大学生人文教育的开展，大学生人文素质的养成，大学生人文精神的培育，这些工作只有引起社会全方位的重视，并积极行动起来，才能完成这一社会性的系统工程。

第二节　现代人文主义技术哲学

对现代人文主义技术哲学的反思作为反思之反思，其主观意图是深入挖掘包含于在人文主义技术哲学中的理论意蕴。我们的目的不是排斥那种具有悲观性人文主义者的技术哲学，我们需要以正确的态度和方式来面对技术。构建一个合乎我们时代的技术观，处理好自然与人与社会之间的关系，从而避免由技术而引发的社会危机。

当代技术发展日新月异，技术对社会、自然的变革作用也越来越明显。技术高速发展，随之而来的负面影响也被扩大，面对技术引发的危机，人们开始慢慢研究技术并且反思技术，反思技术所导致的一些消极的影响。此种反思包含有两个方面：工程技术哲学和人文技术哲学。后者是人文学者创立的人文主义技术观，此种技术观关注技术意义的研究与阐发，反思技术发展给人类社会带来的消极后果。

一、现代人文主义技术之思的问题

由社会、自然、人组成的技术系统是复杂的系统，技术系统包含软技术和硬技术。所谓软技术即是创造的技巧，涉及如何设计、控制程序的方法，而涉及劳动工具的物质手段即是所谓的硬技术。现代人文主义的技术哲学批判了工具论的技术观或者是工程的技术观，认为无论是工具论的技术还是工程的技术观都没有揭示其技术的本质，并且此工具论的技术观或者工程的技术观对技术自身所引发的危机毫无裨益，诸如此类的技术观只会带来新的危机而不会解决什么实质性的问题。“技术本质实体化即是把技术理解为异己的力量。”因此，认为技术的发展有自律的力量在支配着万物，并不受人类的干涉，其自律的力量可以不受人类自身的控制，并且以作为一切存在者物化的原动力的形式存在着。当代美国技术哲学家约瑟夫·皮特认为，不应该将技术作为一种自主性的力量。“人是操作技术的主体，决定了技术的形式以及技术以怎样的方式作用于人，所以技术对人并不构成恐惧威胁，

人比技术更为恐怖。在任何的技术改造中或者利用中，人扮演着重要的角色，他可以使技术服务于人类，也可以使技术危害人类的生存，关键在于人如何利用技术。”由此可见，皮特批判人文主义技术哲学的主要方面在于技术自主性的理解，也批判了那些将技术本质实体化了的做法。

费恩伯格说到人文主义的技术哲学时，将马尔库塞、海德格尔等人的技术哲学称为有技术实体主义的倾向。他认为所谓技术实体主义即认为技术的本质是异于我们自身的，不受我们自身力量的支配。

现代人文主义技术哲学认为传统技术不同于现代机器技术，二者是非延续的，二者之间存在着一条不可逾越的鸿沟。所谓现代机器技术与上面谈及的技术实体化的思维路向相关，既然是实体化自然会涉及对象性的思维模式。而传统技术在他们看来是天人合一的自然之表达，此种天人合一的技术也不会危及自然。

在现代人文主义技术哲学家的眼里，传统技术观是异于现代技术观的，技术是一个时代的标志，它标志着时代的转型。在传统技术观中的技术是与技艺统一的，或者可以将技术与技艺等同起来，在希腊人那里，技术涉及技巧与心灵的艺术。“古希腊时期的技术与制造意义上的技术是相区分的，而海德格尔却不这么认为，他认为现代技术的本质是‘座架’，它把人类自身都降格为物质。”现代技术异化了技术与人与自然的最初形式。事实上，现代人文主义技术哲学家的理解都是不全面的，都含有一种片面性，我们可以采用技术史的角度去分析。18 世纪、19 世纪被认为是以蒸汽机为代表的革命性的时期，各种现代的机器设备应运而生，但实际上它们的原理模仿了传统技术的原理模型，或者继承了传统技术的模型。我们可以举蒸汽机的例子来说明。

在 18 世纪到 19 世纪，蒸汽机在社会的发展文明的进步中扮演了重要的角色，蒸汽机的发明作为第一次工业革命的标志，被认为是 18 世纪伟大的发明之一。但很少有人知道在蒸汽机发明之前，当时人们使用的是纽可门蒸汽机这一情况。蒸汽机的很多原理还是模仿了纽可门蒸汽机的原理。此外还有机械技术及机器被认为是工业革命之后才被发明的，如带刺铁丝、电动机等都在不同形式上延续了传统技术的形式。

因此费恩伯格认为，在历史分期上人文主义技术哲学存在着一定的问题，认为不能区分传统技术与现代技术。从表面上看来，区分现代技术与传统技术是历史的，实质上是没有辩证地看待技术的发展。

二、现代人文主义技术之思的特征

把这些人文主义者的技术哲学所表达的思想观点整合起来，你会发现他们的思想观点都存在一个基本假设前提，下面就让我们来仔细地研究和分析这个假设前提。

当然我们仔细研究和分析的这个假设是具有一定的代表性的，这个假设也就是：历史已经发生了翻天覆地的变化，并且在本质上已经断裂。现代技术使人类从传统社会过渡转型到现代社会，其价值观与生活理念方式也发生了转变。现代社会对自己所造成的问题却显得无能为力。因而必须与现代技术理性和现代性相断裂，试图创建一种超越于现代性的理论。通过研究分析人文主义技术哲学的基本相关的理论，我们发现主要有以下几个显著的特征。

（一）对现实具有强烈的针对性

人文主义哲学已经从思辨性转化为实践性。由技术所引发的诸如生态失衡、大气污染等问题，都是人文主义技术哲学所关注的或者说要重点解决的。当今现代文明面对着令人棘手的社会问题，他们试图走出其理论的沉思，不再在埋怨中蹉跎岁月，而是对现代性展开全面而有力的批驳，达到惊醒人们的目的。尽管在一些具体思想观点上还存有一定的局限性，但我们必须承认的是他们对技术理性的批判是强有力的，而且他们对现代性局限的认知明显要深远得多。

（二）建构新的理论框架

如何建构自然、人、社会与技术之间的关系。人文主义技术哲学关注于整体的有机论，反对将它们割裂开来，同时也抵制那种认为人就是开发、利用和统治自然诸如此类的观点。“人文主义技术哲学强调的是自然、人、社会与技术内在的自然和谐而不是相互冲突的一面，强调的是一种相互交往的关系，主张在交往理性中来消除技术理性所带来的一些消极的影响。”

人文技术哲学家在批判技术理性的同时也表达了自己的意见。例如，海德格尔主张用艺术来拯救科学技术，企图用艺术来弱化技术的神化功能，提倡“审慎之思”；马尔库塞主张历史的合理性，并试图用历史合理性的思想去补漏工具合理性的缺失等。可以看出他们对技术都充满了忧虑的情怀，在他们看来，技术不一定就可以造福人类，但需要明白的是他们并不是完全地否定技术，而是主张合理地利用技术，那种主张完全抛弃技术的人毕竟是个别的。大多数的技术哲学家在表达忧虑的同时也提出了一些如何改进的理论。

（三）表达了“天人合一”的理念

我们不能不提的是人文主义者对技术的思考与东方哲学有着某种相契合的地方，例如海德格尔的后期思想与中国老子的哲学“天人合一”有相类似的地方，都在表达着天、地、人要相互和谐、整体合一，这种整体合一的思想试图克服二元论思维模式。以前西方的思想都带有主体性的影子，所以在主体性影响下的人与自然的关系，自然是人占据主导性的位置进而控制和利用自然。这种主体性的原则让他们领略到对自然大肆剥夺所带来的负面的影响，使西方人文主义者开始认识到人与自然和谐相处的重要性。“虽然很多人文主义者所表达的技术思想是不同的，但他们在强调人与自然和谐相处这一点上是一致的，主张一种新的自然观和技术观，这种新的自然观、技术观也预示着一种新的生态文明理念发展的趋势，生态文明主张人与自然相处有道，和谐而不相互冲突。”我们不难得出这样的结论：现代人文主义的技术哲学有其合理的地方，其自身也有缺陷。在此只是略微地做了一下简单的概述。

三、探寻发展现代技术的人文途径

由技术自身引发的一系列的人文问题还得由“技术”（新的科技技术力量形式）来解决，因此要解决问题，必须发展新的科学技术，壮大新的科技力量，是走出其危机困境的重要途径。在发展新的技术力量的同时，也要注意到如何处理技术与人之间的关系。不能一味地只是发展高科技，而忽略人文环境的影响，在一定程度上人文状况的好坏直接影响着科技发展的状况。在很多时候，我们只把注意力放在科技发展上面，对人文方面的关注其实是很少的，在这样的思想意识下，我们很难发展好技术以及很好地解决技术所引发的一系列的人文问题。显然，技术决定论——技术实体主义与人文精神之间存在着相互抵触的地方。技术“实体化”认为技术是一种外在于我们自身的独立自主的力量，技术自身的发展并不受外部因素的影响，相反，技术作为自变量的因素对社会有一种单向度的作用，我们只是注意到技术对社会的作用，而很少考虑到社会对技术也有一定的反作用。“而且技术实体主义者把技术当作一个独立自主的东西，这样势必弱化了人的主观能动性，弱化了人自主塑造的功能意识，由此，人变得消极被动而成为技术的接受体，这样不利于通过人与技术相互作用而促进技术的发展。”

“技术是人文的技术，技术的设置与创制离不开人的主观能动性，有什么样的主观目的就有什么样的技术模式诞生。”各个国家所制造的产品都有其自身文化的印记，都被打上自己国家文化的烙印。

要拥有更好的人文效益，需要有良好的人文环境与现代技术。良好的人文环境与理想的现代技术环境直接促进了现代技术人文效益的发展。我们反对那种只知道一味地发展高科技而忽略人文环境的发展的做法，我们应该在发展高科技之余，优化人文环境，抵制那种用技术决定论的思维来发展我们现代技术的思想言论。

中国科学院原院长卢嘉锡在一次谈话中曾说：“毛估和精确，都是必不可少的认知阶段。在认识的头几个阶段，就要求拿出精确的答案来，是不可能的。总是先有毛估，再一步步逼近精确；总是先有模糊，再一步步走向清晰。毛估是认识的开端，也往往是认识突破的开端。”因此，现代人文教育需要将精准教育与模糊教学相结合，注重挖掘模糊教学的合理内核。

四、问题与弊病：现代人文教育片面追求精准的深思

应该说任何事物都有一体两面性，现代人文教育对精准科学的追求也同样遵循此规律。随着现代科学技术的发展，一方面推动了社会的巨大进步，另一方面也忽视、压抑了人的天性和情感。崇尚科学作为一种思潮，使人们习惯于用精确的方法思考和推理，极力追求精确的明晰的方法，以获得事物的科学的逻辑美，尽管这些精确化的科学手段解决了一些传统教学中的难题，但由此带来的诸多弊端也日益凸显。

（一）精准教学导致学生的思维线性

精准教学一般都依赖现代教学设备与仪器，围绕既定的教学模式与过程展开，具有严密的逻辑性，在此模式的运行过程中，教学内容指向和思维方式都是既定的，同时，对教授信息的分析与综合只是形式上的演绎，此种教学方式容易导致学生的思维定式，极大地限制了学生的思维空间，影响了学生非逻辑性思维的发展，而对于人文社会科学的学习而言，直觉、灵感以及发散思维等非线性思维对于感受和理解教学内容却是至关重要的。

（二）精准教学导致教学评估标准的僵滞

应该说，运用现代数学统计方法对教学信息和效率进行量化评估，以科学的数据分析为起点，对于整体改进教学方式与方法而言，具有数理上的基础意义，而对于人文社会科学教学而言，则需要辩证地看待其科学性，原因在于人文社会科学是一个极其复杂的系统，它不仅包罗万象，而且也是人类对所生存的自然环境与社会环境的综合认识过程，它的信息载体更多的来自人的内心世界，具有相当强的主观性，它甚至有时与理智和逻辑是殊途同归的。所以，理解与评估人文社会科学的教学，当然不是几条僵死的标准和几步抽象的推理能完成的。

（三）精准教学导致教学目标的单维

应该说每门课程的教学都有明确的教学任务目标，这是考核教学效果的主要指标，为了更好地实现这样的目标，教师习惯于采用精准的“一站式”的演绎，让学生围绕老师的思维，在一种平静的、稳定的、封闭的环境中被动地接受知识，学生长期处于这样的精准环境中，可能对知识教学目标的接受确实更加容易一些，但它却忽略了学生主动学习的重

要作用。其实，掌握书本知识只是教育的一个目标而已，除此之外，还有大量的其他教学目标需要完成。对于学生而言，信息接受是从已知信息的无序到有序、不确定到确定、不平衡到平衡的归纳整理过程，而精准教学的单维目标则遗弃了这个过程。

五、历史与传承：模糊性思维的哲学溯源

中华五千年的悠久历史孕育了灿烂的中国文化，其中，关于“模糊性”的思考在中国传统哲学思想中早有雏形，表现最有代表性的便是老子的“有无相生”的哲学命题。在中国古代美学中，往往把直感体验浓缩为理性的结晶，并升华为玄之又玄的道。道分有无，归于玄妙，“玄之又玄，众妙之门”，这种有与无的合分、分合的变动不居，生生不息、周而复始的循环过程，即是有无相生。换言之，从无到有，从有到无，有无结合，相互转化，周行不止，无始无终，这便是道的运动过程，这是老子哲学思想的核心，也是老子美学思想的哲学基础。由此观之，老子哲学思想带有模糊性的特点，横向上：你中有我，我中有你，亦此亦彼，相互渗透；纵向上：无中生有，有中生无，它表述了有无之间变动不安的不确定性。这也是老子对于道的最高理论概括，其蕴含了朴素的“模糊性”。

由老子哲学思想及美学理论生发出：思与境偕、神与物游、质文代变、叁伍因革、阴阳惨舒、刚柔相济、虚实相生、情景交融、形神兼备、曲直互补、疏密相间、巧拙有素等等。这些对举的概念，都在研究对立事物（甲乙双方）之间相互过渡的模糊现象。当这些对象之间的中介环节，在一起一落的变动中，相互撞击，发生震荡，也就是耗散结构论中所说的不平衡、不稳定、非线性状态。在碰撞过程中，某些旧的环节消失了，某些新的环节出现了，某些环节变脆了，某些环节增强了，这些中介环节，显示出重新组合，相互渗透、左右摇摆、上下浮动的不确定状态，从而出现模糊。

国外关于“模糊性”的论述早在札德之前就有很多相关的表述：恩格斯在《自然辩证法》中说：“一切差异都在中间阶段融合，一切对立都经过中间环节而互相过渡，对自然观的这种发展阶段来说，旧的形而上学的思维方法就不再够用了。辩证法不知道什么绝对分明和固定不变的界限，不知道什么无条件的普遍有效的‘非此即彼’，它使固定的形而上学的差异互相过渡，除了‘非此即彼’，又在适当的地方承认‘亦此亦彼’，并且使对立互为中介。”这就是说，客观世界没有清晰精确的固定不变的东西，至少同时是庞大的模糊域，“亦此亦彼”揭示的正是事物的不清晰、模糊状态，同时告诉我们“非此即彼”是形而上的，“亦此亦彼”才是辩证法的。

黑格尔对模糊论的贡献主要表现在他的中介论哲学思想中。他说：“每一方都是对方的中项（中介），每一方都通过对方作为中项的这种中介作用自己同它自己相结合、相联系；

并且每一方对它自己和对他的对手都是直接地自为地存在着的东西。同时由于这种中介过程，它才这样自为地存在着。它们承认自己，因为它们彼此相互地承认它们自己。”这里，黑格尔指出，不同的对方，通过中介而结合，你中有我，我中有你，相互联系，相互渗透，亦此亦彼；在这种结合中具有流动性、可变性，环节与环节之间相互浸润、渗透、融合。

康德从价值层面论述了“模糊”：“知性在模糊不清的情况下起作用最大……模糊观念要比明晰观念更富有表现力……在模糊中能够产生知性和理性各种活动……我们并不总是能够用语言表达我们所想的东西。”[1]

通过以上分析，我们发现模糊与精准相对应，二者存在严密的辩证关系，即模糊性是普遍的、绝对的，精确性是相对的；模糊性寓于精确性之中，精确性是模糊性的特例和表现；模糊性与精确性是矛盾的对立与统一的双方，相互依存、相互联系，在一定条件下相互转化。

六、功效与能量：现代人文教育的模糊性诉求

需要指出的是，模糊教学艺术中的“模糊”不是指那种不合思维规律的悖理模糊，而是指符合思维规律的辩证模糊，它既不同于是非不分的糊涂，又不同于模棱两可的含混，也不同于故弄玄虚的神秘，更不同于老于世故的圆滑，它是原则性和灵活性的高度统一，充满着科学与艺术融合的灵气。它以正确性为前提，要求教师在潜心体味、深刻理解教学内容的前提下，在启发诱导学生上下功夫，确切说，它是一种难度较高的教学手法。如果认为模糊教学艺术只要意会，用不着深入钻研教学内容，不用了解学生，不改进教法，不指导学法，马马虎虎应付，那就是对模糊教学艺术的曲解。实践证明，模糊教学在一定的教学情境和教育背景下，能收到比用清晰的表达、明确的语言、严谨的推理等科学教学手段更优化的教学效果，因此，应当重视模糊性在当前人文教育中的重要作用。

（一）利用模糊教学发展学生的非线性思维

非线性思维具有波动性，它除了受主导思维引导外，还需要结合自身的情感、性格、兴趣、爱好、经验、想象等，共同处理新鲜事物的画像，使其形成适合于自己的立体图案。在教学过程中，它常常表现为思维过程的不确定性的“产生——消除——再产生”，表现为不确定性思维过程。而我们的模糊性教学恰好能给这些不确定性提供缓存，以便信息的准确接收。

[1] 古留加．康德传 [M]. 贾泽林译．北京：商务印书馆，1981.

（二）利用模糊教学完善教学绩效考核指标

教学绩效考核包括定性与定量两方面的内容，如果在人文教育考核中偏轻偏重了精确性或模糊性任何一面，都势必影响整体教学的效果。其实，在对整体教学进行考核时，应当遵循科学、全面的原则，综合考虑各方面内容，从整体上把握教学效果。以前，在设置教学考核指标时，可能更多的是从定量角度考虑问题的，而忽略了定性这一维度，如果由于模糊性教学指标的缺失，导致教学考核信息的不全面，必将导致教学信息量化研究所服从方法规律的错误运用，这样，也就直接导致教学效率评价或教学信息量化研究的效度信度的降低甚至错误，使其失去评估、指导、调控的科学依据和作用。

（三）利用模糊教学实现人文教育的多维目标

人文社会科学教学，有不少是属于感受性质的，因此语言感觉能力至关重要，如情感陶冶与审美教育，甚至对语言的理解，很大程度上都是依赖于感受的，所以，加强对学生的语言感受能力培养，也是模糊教育的一个应然目标。在现行的人文教育与考核中，已经习惯于追求 A、B、C、D 选项的“标准化”，“标准化”虽然需要基本基础知识的掌握，需要追求知识的精确性和严密性，但在很多情况下，它还需要科学、合理的审美观，而模糊性人文教育正是由于它重视直觉思维与体悟能力等形象审美能力的培养，使得学生在获得精准基础知识的同时，又得到了各种审美能力的培养。

第三节　道德的发展和教育

本节旨在比较孟子的道德成熟论与科尔伯格的道德发展论之间的异同，从而探究在道德成熟论中有哪些部分仍然与当今世界的道德教育有着密切的关联。在本节中，我们试图站在科尔伯格的视角向孟子的道德成熟论提出挑战，并尝试着以某种创新性的解释来帮助孟子做出合理的回应，通过这场虚构的对话我们发现，尽管孟子和科尔伯格在理论倾向、对道德进步的界定以及在道德观上有着明显的差异，但二者之间依然能够进行富有创造性的对话，从而使我们可以汲取儒家的思想以重新审视当代中国以及东亚其他国家和地区的道德教育。

孟子是中国古代著名的思想家和教育学家，其有关道德成长的理论可以被概括为“道德成熟论”。孟子认为，人生来便具备善的潜质，即“善端”，它们就像种子的嫩芽，需要不断培养才能成为现实的道德品质。长期以来，孟子的这一理论对于中国以及受儒家传统所影响的许多东亚国家和地区的道德文化和教育产生了持久的影响。然而，自 20 世纪初开始，这种理论便因其内容的理想性以及方法论的不实用性而遭到了来自各方的怀疑和批判，直到近些年，这种负面性的态度和评价趋势才有所回转，原因在于，有越来越多的人开始意识到，在当代社会，尤其是在这个物质主义和消费主义的时代，我们不仅需要重新评估孟子，而且需要重新发掘道德成熟论在现代生活中所承载的价值。

一、孟子的道德成熟论

“道德成熟论”是我们对孟子有关人的道德起源、发展以及完善等一系列道德理论的一种概括。在孟子那里，道德成熟论认为每个人生来便具备一切道德德性的始端，即“四心”，这是人之为人的本质。作为“善端”的“四心”，只有经过不断培养才会成长并实现四种道德德性，即仁义礼智，否则人性便会落空。在此意义上，孟子认为，“人之所以异于禽兽者几希”（《孟子·离娄下》）。虽然孟子并没有对其道德理论做出明确的界分，但通过诠释，我们可以将其道德成熟论大体分为三个层次，即自然道德、自律道德和自由道德。

道德成熟论的第一个层次是自然道德。孟子说，人生而皆备“四端”，这些天赋善良资质便是人之“才”。才者，“草木之初也”（《说文解字》）。也就是说，“善端”如草木之初一般具有一种自然的生长力，德性的实现乃是人性的一种自然需求。自然道德在人身上的最初表现便是仁义等“良知”“良能”：“孩提之童无不知爱其亲者，及其长也，无不知敬其兄也。亲亲，仁也；敬长，义也。”（《孟子·尽心上》）知道了仁义，自然也就懂得了什么是礼和智，因为礼乃是对于二者的调节，而智则是对于二者的坚持（《孟子·离娄上》），由此可见，“仁义礼智，非由外铄我也，我固有之也”（《孟子·告子上》）。为论证这一点，孟子举了“孺子将入井”的例子，孟子说，“乍见孺子将入于井”之人皆有“怵惕恻隐之心”，因为是“乍见”，所以没有任何功利考量，完全是自然本然之情，这种“恻隐之心”便是“仁之端”，如果连这种恻隐之心都没有，那就是“非人”（《孟子·公孙丑上》）。但孟子也指出，所谓“性善”是指性“可以为善”，而非必然为善，因为人除了“四心”之外，还有耳目之官，“耳目之官不思，而弊于物，物交物，则引之而已矣”（《孟子·告子上》）。因为人有五官七情六欲，所以常常会被外物所蒙蔽，以至于“陷溺其心”。但这不是“善端”之错，“若夫为不善，非才之罪也”（《孟子·告子上》）。恶来源于对善的遮蔽，而非善自身的空场。对此，孟子举出了“牛山”的例子，以说明外在环境对人性的巨大影响。总之，在孟子看来，仁义礼智在最初阶段完全是自然地呈现在人的日常道德生活之中的，它们为道德德性的完满实现奠定了良好的开端。但是，自然道德并不是必然道德，潜能虽然渴望着实现，但不必然成为现实，因为这需要一定的条件，即人的努力。因此，自然道德还需要走向更高的层次，即自律道德。

自律道德是德成熟论的第二个层次，即“大人”或“成人”道德。众所周知，孟子对“体”进行了小大之分，“小体”就是耳目之官，“大体”就是“心之官”，也即人之为人的本性。在孟子看来，“养其小者为小人，养其大者为大人”（《孟子·告子上》）。“养大体”就是对“四心”加以现实化、实现仁义礼智的过程。因此，所谓“大人”，也即拥有四德的君子，而“大人”道德也即这四种德性的完整实现。由于无“四心”则“非人”，“养小体”则为“小人”，因此，“四德”的实现与否直接关涉到能否“成人”的重大问题，在此意义上，“大人”道德也即“成人”道德。与自然道德不同，“大人”道德是一种自律的道德，“人皆有所不忍，达之于其所忍，仁也；人皆有所不为，达之于其所为，义也”（《孟子·尽心下》）。从“仁之端”到“仁”，道德自律起到了关键性作用。没有道德自律，“达”的功夫便无从展开；只有通过道德自律，人们才会主动从事“老吾老，以及人之老；幼吾幼，以及人之幼”（《孟子·梁惠王上》）的道德实践，从而实现道德成熟。也就是说，“四端”虽我本有，但要想真正实现这些道德并终身行之，单靠自然直觉是不够的，它还需要后天的努力，即“扩而充之”的功夫，“凡有四端于我者，知皆扩而充之矣，若火之始然，泉之始达”（《孟子·公孙丑上》）。由于受感官欲望的影响，人们在道德实践中还会经常遇到“放失其心”的情况，如此，人们就需要不断同外界的诱惑做斗争，以恢复人的本心。因此，“学问之道无他，求其放心而已矣”（《孟子·告子上》）。总之，道德的实现并非朝夕之功，而是个体长期扩充其善心的结果，由于这一过程离不开个体意志的道德自律，因此，这一层次的道德也就被称为自律道德。

道德成熟论的最高层次是自由道德或天人道德，它是对于自律道德的进一步升华。我们说，孟子的道德理论实际上就是对于“心”的不断培养和扩充，而一旦将这种扩充发挥到极致（“尽”），我们就会发现，我们又回到了孟子道德论的原点，即人性善。在孟子看来，因为人有“四心”，所以人性是善的；而要想认识到这一点，人们就必须尽力发挥和实现这“四心”。“尽其心者，知其性也，知其性，则知天矣。”（《孟子·尽心上》）这里，我们与其将孟子的论证方式视为逻辑混乱，不如将其理解为一种实践智慧。因为，在孟子看来，人和动物的差别“几希”，如果不尽力将其实现出来，那么人就不会明白人之为人的高贵性，只有尽力实现人的“善端”，人才能更深刻地明白“上天”为何要将人安置于这天地之间，与天地并立而生。通过“尽心”，人不仅认识到人性本善，而且认识到了这种人性的形上之源——天。既然人性之善是天意使然，我们就更应该尽力将其实现出来。“存其心，养其性，所以事天也。”（《孟子·尽心上》）正是在这种意义上，天道与人道相合而一，人性完美地展现了其原初之所是，天道也充分体现在了人的伦常日用之中，人的道德也由此进阶到了天人合一的境界。这种天人道德，正是孔子所说的那种“从心所欲不逾矩”（《论语·为政》）的自由道德。

总之，从自然道德到自律道德再到自由道德，孟子的道德成熟论完成对于自身的诠释和建构。道德上的成熟不仅成为人类自我实现、自我证成的唯一康庄大道，而且为人类踏上“天人合一”的“内向超越”之路指明了前进的方向。

二、科尔伯格的道德发展论

与孟子不同，科尔伯格从未假定人有任何天赋善心，作为心理学家，科尔伯格通过实验发现，人天生就是以自我为中心的存在，并且会努力寻求对于自身需要的满足，但是，在有关人的道德发展方面，科尔伯格并不是一个纯粹的、冷冰冰的心理学家。在他看来，人天生便拥有一种与心智相关的学习能力，这种心智会通过经验而变得成熟。科尔伯格曾明确指出，“我的道德研究是从皮亚杰的阶段概念以及他认为人是一个哲学家的观点出发的”。换句话说，他的研究是建立在实验科学和哲学假设的双重基础之上的，科尔伯格把人的道德发展视为人整个认知发展过程的一部分，人的道德成熟实际上就是其道德认知不断向更高阶段发展的过程。在科尔伯格看来，“道德认知是对是非、善恶行为准则及其执行意义的认识，并集中表现在道德判断上”。因此，道德认知的发展主要就是道德判断的发展。

以公正原则为核心结构的道德判断实际上就是对是非、善恶等问题的判断。在科尔伯格看来，一个人的道德水平越高，就越能更好地解决道德认知冲突，即更好地解决在是非、善恶等方面的认知困境。在此意义上我们可以说，道德的发展始于个体自我的道德判断与他人的道德判断之间出现的道德认知冲突，而对于这种冲突的解决，又推动着个体道德思维的重组，从而促使个体形成新的道德认知结构，即道德发展的更高阶段。因此，科尔伯格认为，人道德发展的不同水平和阶段主要取决于道德判断的结构，即人以何种公正原则来思考和解决道德问题。在此基础上，通过大量实证研究，科尔伯格把个体的道德发展经历分为三个水平，每个水平又包括两个阶段。这就是著名的“三水平六阶段”模型。

所谓“三水平”是指“前因循水平”“因循水平”和“后因循与原则水平”，“六个阶段”分别是：（1）惩罚与服从阶段；（2）个体的工具性目的和交换阶段；（3）相互性的人际期望、人际关系和人际协调阶段；（4）社会制度和良心维持阶段；（5）权利优先以及社会契约或功利阶段；（6）普遍伦理原则阶段。在前因循水平，个体是从其自身的现实利益出发来处理道德问题的，处在此水平上的人所关心的并不是社会规定为正确的行为，而是能够带来实际后果的行为（趋利避害），包括（1）（2）两个阶段。在因循水平，个体学会从社会成员的视角来处理道德问题，他会考虑社会群体的期望以及社会道德规范对其自身行动的要求，从而努力扮演好自己的道德角色，这一水平包括（3）（4）两个阶段。到了后因循与原则水平，个体开始超出其所处的特定社会的观点来处理道德问题，个体的道德判断也上升至普遍公正原则的层次，（5）（6）两个阶段属于这一水平。

道德发展的阶段有四个基本特征。一是结构的差异性。这是说，不同的道德发展阶段具有不同的道德判断结构，不同结构之间的差异并非量的不同，而是质的区别。二是不变的顺序性。人的道德发展遵循从低级到高级这一不变的、普遍的阶段顺序，文化或者教育能够加速或延缓个体的道德发展，但无法改变这一顺序。三是结构的整体性。每个道德发展阶段在结构上都是一个统一的整体，而非一些零碎的道德观念的总和。四是层级的整合性。所谓层级的整合是指“较高阶段把较低阶段作为组成成分包含进来，并在较高水平上加以重新整合”。“在每个阶段，都是对同样的基本道德概念或方面的界定，但在每个更高阶段，这种界定都变得更为分化、更加整合、更加一般或普遍了。”

总之，在科尔伯格看来，人的道德发展是一个按阶段逐步建构的过程。个体的道德认知发展以个体的智力水平和社会认知水平为前提，并构成整个认知体系的重要组成部分。智力水平通常指个体的逻辑思维水平，而社会认知水平通常表现为个体的“角色承担”能力，即个体在他们的社会交往过程中“想到他人的态度，意识到他人的思想和情感，设身处地从他人的角度看问题”的能力。道德“阶段并不是人对于文化和外部世界的直接反映，尽管阶段的形成依赖于经验，阶段是人和世界之间相互作用的经验产物，是这种经验导致人自身组织的重组，而不是将文化模式直接强加于人”。个体道德发展的动力既不是个体心智的先天成熟，也非外部世界的直接反映，而是个体与其所处的生活环境相互作用的结果。在这种相互作用的过程中，“个体的道德经验不断结构化，不断同化吸收和调整平衡新的道德经验，从而使个体的道德结构产生新的质变，飞跃到新的发展水平”。个体的道德认知水平就是在这种不断地调整、平衡与飞跃中得到提升的。

三、质疑与辩护

孟子和科尔伯格之间在理论上确实存在着很大的差别，但这并不意味着二者之间无法展开有效的对话，尤其是当我们站在现代实验心理学视角向道德成熟论提出疑问时，孟子的回应与辩护便成为我们重新审视道德成熟论的一个重要途径，这种质疑可以通过三个基本问题而展开。

第一，人性是善的吗？就这一问题来说，孟子的回答是肯定的；但作为实验心理学家，科尔伯格并不相信这一点，相反，处在第一阶段的人往往会采取“一种以自我为中心的视角”，他们只有通过生活经验才能逐步建立起关于是非善恶的认知和判断。面对这种质疑，本文认为，孟子或许会放弃其对于“性善论”的建构性论证而改为一种范导性辩护。“建构”和“范导”本是康德批判哲学中的术语，前者是知性的方法，用以对经验对象加以规定；后者是理性的方法，用来引导知性向着更高目标前进。在这里借用这两个概念是为了说明孟子所采用的那种对人性直接予以“善”的规定的建构方法在实验心理学中是无法证实的。因此，在现代哲学的语境下，对人性善的辩护只能是范导性的。也就是说，“人性善”并不是知性的对象，而是反思的对象，“是对人类存在的形上设定”，是为了人类的道德进步而设定的一种伦理目标。我们说，在孟子那里，人和动物的差别微乎其微，因此，所谓人性并不是指人的动物性，而是使得人（类）区别于动物、使得人之为人的本性，而这正是人的道德性。道德是人类所特有的一种文化现象，是人类社会在漫长的历史发展过程中积淀而成的一种心理结构。道德并不是一个可以直接感知的“实存”，它不是知性的认识对象，而是实践理性的产物，是人类特有的文化标记，也正是在此意义上，康德才宣称人是道德的存在，是自然的最后目的。总之，“性善论”作为一种先验理想已经无法在现代道德哲学中作为建构原则而被证，但却可以作为范导原则、作为推动人类道德进步的伦理理念而在当下社会中发挥重要作用。

第二，在道德发展论的视角下，道德成熟论的三个道德层次如何成立？我们说，在没有实验心理学的时代，孟子的道德论多半是基于经验观察，但这并不意味着这种理论毫无意义。当代著名政治哲学家罗尔斯根据皮亚杰、科尔伯格等许多当代心理学家的研究成果也提出了道德成长的三个阶段，在此，我们可以参照罗尔斯的道德阶段论来帮助孟子“回应”科尔伯格的“挑战”。我们说，自然道德阶段的人会对父母展现出一种本能的爱，在孟子看来，这是仁义的自然呈现，是良知良能；在罗尔斯那里，人道德发展的第一个阶段是“权威的道德”，在这一阶段，人会倾向于爱他们的父母并听从他们的命令，但这并不是道德本能，而是因为父母首先“表示出了对他的爱”。“如果他爱并信任他的父母，他就倾向于接受他们的命令。”据此我们有理由认为，孟子笔下的人之所以知孝悌仁义并不是因为“良知”“良能”，而是因为父母先在的爱，这种爱“意味着不仅要关心他的要求和需要，而且要肯定他自己的人格价值感”。同样，在“前因循水平”，人“对文化的规则和标记中的善恶是非观念十分敏感，但却是根据行为的实际后果或权利来解释标记的”。对他们而言，所谓对的就是“服从规则和权威”（第一阶段），并“根据具体的交换原则进行公平交易”，以满足各自的需要（第二阶段）。通过罗尔斯的解释和补充我们发现，自然道德与“前因循水平”之间有着诸多的相似性，它们都属于权威的道德，并且都是建立在对个体基本利益和独立价值表示尊重的基础之上的。

道德成熟论的第二个层次是自律道德。所谓自律道德实际上也就是个体在自觉接受社会化之后所达到的道德水平，即罗尔斯所说的“社团的道德”。处于这一阶段的个体已经拥有了“成人”道德，他能够承认并自觉遵守社会所普遍要求的道德规范（仁义礼智），同样，在道德发展论中，处于“因循水平”中的个体的社会化程度会变得更高，他们能够遵从群体的期望、认可社会的制度和规范，并以此来衡量行动的价值。就此而言，一个道德上自律的人与一个处于“因循水平”的人之间并没有实质性的差异，孟子和科尔伯格只不过用了属于各自文化和时代的特殊语言表达了相似的内容。

到了自由道德阶段，我们既认识到了人性本善，也认识到了人性的形而上学之源——天，而一旦明白了这一点，也就肩负着将这种人性实现出来的形而上学使命（《孟子·尽心上》）。由此，天道与人道便合而为一了。在此意义上，自由道德乃是一种天人合一的道德。这种道德虽然在理论上是面向所有人开放的（“人皆可以为尧舜”），但真正能达到这种境界的人少之又少。与此相应，科尔伯格的道德发展模型也只能证实到第 5 阶段，没有人能够达到第 6 阶段。正如科尔伯格自己所言：“我对于最高阶段，即阶段 6 的适切性要求的讨论，是哲学上的，也是理论性的。”在他看来，“也许阶段 6 所具有的心理学实证意味较小，它更多的是为道德发展的方向作具体说明，其中，我们的理论声称，伦理道德的发展是不断前进的”。由此我们认为，无论是对于孟子还是科尔伯格，道德的最高阶段都只是一种理想，是对于人类道德发展的一种期望和引导，就此而言，道德成熟论的三个层次是能够成立的。

第三，道德成熟论的三个层次之间有着怎样的内在关联？我们说，相比于道德发展论的四个基本特征而言，孟子并没有对道德成熟的各个层次加以明确规定，无论处于何种阶段，人们似乎都只有一个共同任务，即培养德性或者为德性的实现提供支撑。道德成熟论的意旨或许并不是对道德认知进行阶段划分，而是对道德境界进行高下分判，因为，对孟子而言，道德成熟的关键不在于“知”，而在于“行”。孟子力倡“去利怀义”“舍生取义”的原因不在于前者不重要，而是为了表明，正是在这种极端的道德困境中，选择才彰显出境界，人禽方由此而判分，故不得不慎重。同样，在知行关系的问题上，科尔伯格通过大量实证发现，道德认知与道德实践之间常常呈现出正相关性。但二者之间并非必然一致，知善也并不必然导致行善。在知行之间，道德判断起到了关键作用。“我们认为，道德判断所提供的两种心理功能乃是道德行动的必要条件。第一种是道义决策功能，即对什么是正当的判断；第二种是善始善终功能，即按照一个人判断为正当的来行动的责任判断。”总之，在孟子那里，道德成熟论的各个层次之间虽然可逆，但正是这种可逆性才成为评判道德境界高下的试金石。《孟子》一书之所以能对中国古代士人的高洁品行产生如此大的影响，部分原因正在于此。因此，从道德境界的意义上来说，道德成熟论仍具有层级之分，层级越高，境界就越高，道德也就越成熟。从自然道德到自律道德再到自由道德，道德境界便体现为后者对前者的整合与超越。只不过，在科尔伯格那里，道德结构的层级整合属于智性范畴，它以逻辑运算和认知推理为基础和依据；而在孟子这里，道德层级的整合属于境界范畴，它以道德德性的完善和超越为旨归。

孟子和科尔伯格之间的这场“对话”为我们重新审视儒家的道德理论提供了良好的契机。孟子的性善论虽然无法得到现代心理学的证实，但并非毫无意义。人性善的总体设定依然可以作为一种伦理理想而在人类的道德实践中发挥范导作用。道德成熟论虽然不同于道德发展论，但二者之间的对话却为我们揭示了道德成长的两个重要维度：情感和理性。在道德实践中，情感体验与理性整合之间也并非彼此排斥，而是相互交融，并在实际上构成道德发展的必要条件。与此同时，二者之间这种想象性对话也为我们反思当代的道德教育提供了一些重要借鉴。

首先，无论在何种社会，心智的成熟乃是个体道德进步的必要前提。自律是道德的前提，但自律不可能仅仅通过意识形态的教化便得以形成，相反，它是一个积极建构的过程，涉及孟子所说的对于共同道德准则的自觉和反思，或者如科尔伯格所表明的，涉及通过学习和经验来发展一个人的道德判断和认知。其次，道德教育必须注重建构良好的集体和社会环境。由于个体的道德认同是通过与他人的相互交往而得以确立，因此，环境对于个体道德的发展具有至关重要的作用，在孟子看来，恶的产生往往与不良环境对善的遮蔽有关。科尔伯格虽然并不认为外在环境能对人的道德发展产生决定性的影响，但他也相信，在公正的团体生活中，一个人能够更有效地培养起言行一致、知行合一的道德品质。最后，现时代的道德创新应当以一种更为开放的心态和视野来容纳古今中外的思想资源，我们说，道德创新是一个关涉民族命运的重大课题，而这种创新对于转型时期的中国而言，又有着格外重要的实践意义。孟子的道德成熟论虽然构成了道德中国的历史底色，但科尔伯格的道德发展论以实验心理学为基础，又指示着道德进步的时代特征。在此背景下，如何有效地吸收和借鉴古今中外的优秀道德资源以推动中国伦理的时代创新，便成为历史赋予我们的重要使命。

“道德教育”强调教育的道德内容，“道德的教育”强调教育的道德本性，二者既有联系又有区别。在现实生活中，由于人们受到动机论和效果论道德评价模式的影响，没有把道德教育看作一个完整的过程，忽视了道德教育的手段和方式，把“道德教育”简单地等同于“道德的教育”，结果使得“道德教育”往往变成了“不道德的教育”。为了杜绝这种现象，“道德教育”必须自觉地走向“道德的教育”，克服道德教育中的不道德性。

在现代社会里，由于各种不道德现象频繁地冲击道德的底线，考问人们的道德良知，因此人们都希望重树道德的权威，塑造道德的人格，促进社会风气的好转。正是在这种道德愿望的感召之下，道德教育越来越受重视。不过在笔者看来，当人们热衷于道德教育的时候，却没有认真地思考道德教育的道德性问题，也即“道德教育”是否就是“道德的教育”的问题，结果道德教育往往事与愿违，无法取得预期的效果。

四、“道德教育”与“道德的教育”的分疏

在现实生活中，人们似乎很少注意“道德教育”与“道德的教育”之间的区别，也不会对二者加以严格区分，而是理所当然地认为，“道德教育”就必然是“道德的教育”，即使是那些专门从事道德教育的工作者和研究者也不例外。虽然从本质要求上，“道德教育”确实应该是“道德的教育”，但是实际上，二者之间还是存在着巨大的差别，“道德教育”不等于“道德的教育”，更不必然是“道德的教育”。

道德教育具有广义和狭义之分。广义的道德教育，泛指一切能够对人们的道德观念和道德行为产生教育意义或影响的社会实践活动，像家庭、学校和社会所开展的各种道德教育活动、社会公益活动等，这些都会对人们的思想观念和行为产生道德上的影响，所以都可以被纳入道德教育的范围中来。如赫尔巴特说过：“我们可以将教育唯一的任务和全部的任务概括为这样一个概念：道德，普遍地被认为是人类的最高目标，因此也是教育的最高目标，谁否认了这一点，谁肯定并不真正知道何为道德，至少他在这里没有发言权。”在这里，赫尔巴特实际上就强调了所有的学校教育活动都必须对受教育者发挥道德方面的影响，都必须为提高受教育者的道德水平服务，从而将所有的教育活动都看作一种广义的道德教育活动。不过在现实生活中，人们通常是在狭义上来使用道德教育概念。道德教育通常是被看作学校所开展的，以提升学生道德水平为目标的一种系统的教育活动。这种学校教育活动具有强烈的道德相关性，其所期待的目标、其所传授的内容都与道德直接相关。

按照学者们的解释，“道德教育是指依据一定的目的，在遵循教育规律的基础上，对人们进行的有组织有目的地施加系统道德影响的道德活动”。由此可见，“道德教育”之所以成其为“道德教育”，主要在于两个方面。第一，“依据一定的目的”。这个“目的”是一种道德的目的，它包含了培养道德人格、塑造内在道德品质、形成外在道德风尚等诸多方面，而其核心则在于道德人格的养成，所以罗国杰说，“道德教育过程，应当与人们道德人格的形成和完善过程相一致”。第二，“施加系统道德影响的道德活动”。“影响”主要包括知、情、意、行等各个方面，这些影响的产生都需要依赖于系统的教育活动。因此，学校通过课堂讲授、课外实践等各种形式的道德教育活动，对受教育者施加系统的道

德影响，提高他们的道德认识、陶冶他们的道德情操、锤炼他们的道德意志、帮助他们确立道德信念、促使他们付诸道德行动、最终帮助他们养成道德习惯。从这里我们可以看出，“施加道德影响的道德活动”是服务于道德人格培养这样一个特殊的“目的”的，也就是说，前者是服务于后者的手段，前者受后者支配，而后者依赖于前者来实现。简言之，道德教育就是一种以塑造道德人格为目标、以道德作为教育内容的教育活动。

“道德的教育”与“道德教育”从构词上看，就在于有“的”与无“的”的区别，因此，为了弄清“道德的教育”与“道德教育”的差别到底在哪里，有必要先弄清这个“的”的含义。按照《汉语大字典》的解释，“的”具有多重含义，而与这里比较接近的应该有以下两种解释：第一，“用在定语后，表示修饰关系。如：铁的纪律；新的生活”；第二，“表示领属关系。如我的母亲；无产阶级的政党”。在第一种含义中，“的”之前的字词用来形容“的”之后的字词所指代事物的属性或特点，在这个结构中，其重心在“的”之后的词上。如生活可以有不同的样式，既有新的生活，也有旧的生活；既有好的生活，也有坏的生活，但不管如何，它们都属于生活的范围，只不过它们在性质上有所差异而已。在第二种含义中，词语结构的重心在“的”之前的字词上，后者构成了前者所有关系结构中的一种关系，如我拥有各种各样的关系：爸爸、妈妈、爷爷、奶奶、外公、外婆、老师、学生等等，但这些关系都是属于“我的”，都围绕我来展开。如果从领属关系的意义上来理解“道德的教育”，那么与它相应的就有数学的教育、物理的教育、化学的教育等等，因此，“道德的教育”实际上就是“道德教育”。从语言简洁性的角度来看，这种用词方式就显得过于啰唆，因此，在现实生活中，人们在表示此含义的时候都会用“道德教育”而不用“道德的教育”。既然“道德的教育”中的“的”不是在第二种意义上使用的，那么它只能是在第一种意义上使用的，也就是说，在“道德的教育”一词中，“道德”是被用来修饰、形容“教育”的，“道德”表示“教育”的一种特点或属性，也就是这个“教育”是“道德的”“教育”，而不是“不道德的”“教育”，因此，与“道德的教育”相对的不再是数学的教育、物理的教育等，而是“不道德的教育”。

“道德教育”与“道德的教育”之间存在着严格的区别：前者强调的是教育的目的和内容；后者强调的是教育的特征和属性。目的、内容与特征属性之间当然会存在着一致性，但是这种一致性是就应然性而言的，目的和内容的高尚性、道德性决定了道德教育活动本身也应该是高尚的、道德的，然而，应然性并不能简单地等同于现实性，实现从应然到现实的跨越还有一段漫长的道路要走，在行走过程中就有可能会偏离目标，从而使得特征和属性发生变化。但是在现实中，人们似乎不愿意做此分析，而是简单化地认为，道德教育就必然是道德的教育，忽视了道德教育变成不道德的教育的可能性，对于道德教育中不道德现象的发生疏于防范，从而不能有效地防止“道德教育”变成“不道德的教育”。

五、“道德教育”与“道德的教育”的混同

人们之所以把“道德教育”混同于“道德的教育”，或者说，人们之所以认为“道德教育”就必然是“道德的教育”，虽然二者之间字面上的相近性是其中的一个重要原因，但是更为重要的还是与人们心目中所崇奉的伦理道德观念有关。

在人类历史上，对于行为的道德评价方式主要有两种：一是动机论，认为衡量一个行为的道德性质及其价值主要依据行为的动机；二是效果论，认为应当从效果而非动机出发来衡量行为的道德价值。在马克思主义看来，动机论与效果论都只抓住了行为的某一极，因而都是片面的，为了正确地衡量一个行为的道德价值，就必须坚持动机与效果的辩证统一，“唯心论者是强调动机否认效果的，机械唯物论是强调效果否认动机的，我们和这两者相反，我们是辩证唯物主义的动机和效果的统一论者”。这里的“辩证统一”不仅是指我们既要考察行为动机，又要考察行为的实际效果，还包括我们要把行为作为一个包含动机与效果的整体，我们要从动机到效果的完整过程出发对行为做出道德评价。虽然中国哲学比较推崇中庸，希望凡事不要走极端，能够在两个极端之间找到合适的中点，从而实现两极之间的有效融合，然而在现实中，中国人往往会偏离中庸之道，无所不用其极。譬如在中国历史上，以“四书五经”为代表的经典伦理主要是推崇动机论，而这在社会精英阶层当中被遵循；以《增广贤文》等通俗读物为代表的世俗伦理则推崇效果论，这为普通民众所广泛遵循。虽然当前中国已经实现了从传统到现代的转换，指导思想也由儒学变成了马克思主义，但是中国人的道德心理并未从深厚的历史传统中摆脱出来，中国人仍然习惯于用动机论或效果论来对行为进行道德评价。

正如前文所言，行为展开为一个完整的过程，动机与效果不过是一个完整行为过程的两个端点而已，而这两个端点之间还包含着行为的手段、行为的方式等诸多方面的内容，而正是这些内容才将动机与效果有机地结合起来，使动机不至于成为纯粹的思想观念，而是展现为现实，产生出实际的社会效果。然而我们都执着于动机论或效果论，都忽视了这样一个重要的中间环节。动机论并不讲究行为手段和行为方式，认为它们是服务于效果的，而实际效果对于动机论来说并不重要，因为坚持“只有出于责任的行为才具有道德价值”“一个出于责任的行为，其道德价值不取决于它所要实现的意图，而取决于它所被规定的准则。从而，它不依赖于行为对象的实现”。效果论则重视目的的实现，为了实现目的就会不择手段，因此只要能够实现目的，什么手段都可以使用，“效果论过分强调了善的后果的重要性，因此会隐含着这样的可能，即任何行为，不论怎样不道德，只要能带来最好的后果，

就可证明其合理性”。正是因为中国人长期游走于动机论和效果论的两极，忽视了从行为的整体出发来对行为进行道德评价，从而导致中国人对行为手段和行为方式没有给予足够的重视，有时为了实现动机和达到目的会不择手段，因为在中国人看来，行为手段和行为方式本身是中性的，不具有道德性，其道德性依赖于动机或效果。

中国人这样一种伦理道德观念，不仅体现在日常行为的道德评价上，同样也在道德教育当中得到了反映，那就是把“道德教育”直接等同于“道德的教育”。对于所有教师来说，教书育人既是一项职业，也是一项事业，因此每个人都抱着善意的目的来从事教育工作，都希望自己的学生成才成人，从动机上来说，“道德教育”就是“道德的教育”。由于成人这个目标其模糊性，在当今中国的教育中并不为人所重视，人们更多的是把成人等同于成才，认为一个学生成才就是成人了，而成才的标志就是学好课本知识，考上理想的大学，找到理想的工作。在这样一种成才观念的指引下，教师们拼命追求成才的效果，道德教育就变成了知识教育，教师们要想方设法地去提高学生应付考试、获取高分的能力，只要学生成才了，“道德教育”自然就是“道德的教育”。实际上，在这两种道德观念指导下，道德教育实际上都存在着沦为不道德教育的危险。在这两种观念指导下，教师们只关注了道德教育的起点和终点，没有充分考虑教育手段和教育方式的道德性，从而在道德教育过程中，为了追求所谓良好目的，采取了一些非道德甚至是反道德的教育手段和方式。譬如，在传统道德教育中，由于道德教育被混同于知识教育，因而教师们普遍采用的都是灌输式或独白式的道德教育方式。在传统独白式的道德教育中，教师们不仅采取了苛责、鞭打、罚站等不道德的体罚手段，而且独白式道德教育本身就是对于学生的一种压迫与奴役，它本身就是建立在师生严重不平等的基础之上的，因为在此过程中，教师与学生之间是绝对的主客体对立关系，“教师在学生面前是以必要的对立面出现的。教师认为学生的无知是绝对的。教师以此来证实自身存在的合理性。类似于黑格尔辩证法中被异化了的奴隶那样的学生，他们接受自己是无知的说法，以证明教师存在的合理性。——但与黑格尔辩证法中的那位奴隶不同，他们绝不会发现他们同时也在教育教师”。为此，保罗·弗莱雷把独白式教育模式称为“压迫者教育学”，可见这种教育模式与现代社会的道德要求背道而驰。

六、“道德教育”走向“道德的教育”

“道德教育”是一种教育活动，而“道德的教育”是对教育活动的定性。如果从本性上来说，所有的学校教育活动都应该具有道德的性质，而这对于道德教育尤其重要，最理想的“道德教育”就应该是一种“道德的教育”，“道德的教育”应该是“道德教育”的本性要求。因为道德教育不是一种知识的教育，在知识教育过程中，教师是以一种超然物外的姿态来讲授客观知识。也就是说，学生不会将教师所讲授的知识和教师本人联系起来，不会用教师所讲授的知识来对教师本人提出要求，因为在此过程中，教师与学生都是以理性的态度来共同面对科学上的“是”而非道德上的“应该”，他们都不会对对方提出道德上的要求。道德教育与知识教育不同，道德教育不仅教会学生是什么、为什么，更要教会学生应该做什么、应该怎么做，因此道德教育不仅是讲理的，而且它所讲之理最终要用来指导行动，要在行动中得到落实。这也就是说，教师在对学生进行道德教育的时候，实际上，教师不仅是在讲授客观的知识，而且也是在为学生颁布行为的法则，教师所传授的道德知识就是学生在现实生活中应该遵循的道德法则。

既然道德教育不仅是一种知识传授，同时也是对学生提出一种行为要求，那么教师的所作所为就必然会对学生产生至关重要的影响。如果教师仅仅对学生提出种种道德要求，而自己又在教学中公然违背这些道德要求，那么只会增强学生对于道德虚伪性的感受，认为道德是强者对于弱者的要求，而强者是不用遵守道德的，由于每个人都趋向成为强者，所以道德可以被弃之不顾。相反，如果教师在教学过程中以身作则，用自己的实际行动来践行自己所传授的道德内容，按照道德法则的要求来开展道德教育，真正把“道德教育”变成“道德的教育”，那么，这个教师就有亲和性，这个道德教育就有感召力，学生才真正会“亲其师”而“信其道”。比如孔子作为教育家，之所以追随者甚众，而且培养出了大量志行高洁之士，就是因为他在开展仁义教育过程中以身作则，严格要求自己，做到了“学而不厌，诲人不倦”，赢得了学生的尊重和爱戴，从而为学生树立了一个学习效仿的榜样。既然“道德教育”的道德性对于提升道德教育的实效性、对于把学生培养为道德之人具有高度的重要性，那么，“道德教育”就应该走向“道德的教育”。为了加速“道德教育”走向“道德的教育”，就必须对道德教育进行调整。

第一，纠正“道德教育”自然就是“道德的教育”的错误看法，主动寻找二者产生偏离的根源。“道德教育”从本性上说，确实应该是“道德的教育”，这也就是说，“道德的教育”不过是“道德教育”的应然状态，然而问题在于，应然状态是一种理想的状态，是一种追求的目标，但它并不是“道德教育”的实然状态。在现实中，“道德教育”既有合于应然要求而成为“道德的教育”的情况，但是也不排除存在“道德教育”偏离应然要求而成为“不道德的教育”的状况，像在日常道德教育过程中，大量存在教师不尊重学生的情况，“道德教育”与“道德的教育”还存在巨大的鸿沟，没有达到真正的统一。只有所有从事道德教育的工作者意识到了二者之间的差别，我们才能有意识地去寻找二者之间产生偏离的根源，才能杜绝这种偏离的滋生蔓延，促进二者走向统一。

第二，抛弃只重动机或效果的两极化道德评价模式，注重道德教育过程的完整评价。

对于一个行为来说，动机与效果虽然对于行为的性质具有至关重要的作用，但是它绝不具有决定性。因为动机与效果不过是行为的两极，它在一个漫长的行为过程中，只不过是极小的组成部分，所以，它们无法完全决定行为的道德性质，为了对一个行为进行道德评价，那么我们就必须考察行为的完整过程。在评价道德教育过程中，不仅要关注道德教育的动机和道德教育的效果，同样要关注道德教育的手段和方式，否则我们就无法保证“道德教育”真正是“道德的教育”。这也就意味着，我们对于道德教育要采取动态的道德评价机制，对于道德教育进行道德评估的时候，就不仅要审查教育者的动机和受教育者的实际后果，更要审查道德教育工作者在道德教育各个阶段所采取的教育手段和教育方式，从而防止道德教育各个阶段和各个环节偏离“道德的教育”的本性要求。作为道德教育工作者，则严格按照这种道德评价的要求，完善整个道德教育过程，以免出现不道德的教育手段和方式。

第三，在关注道德教育过程道德性的同时，促进道德教育环境的道德化。道德教育不是在真空中完成的，道德教育必然处于各种具体的社会环境之中，而道德教育的实效性也会受到这些具体社会环境的影响。像荀子说，“蓬生麻中，不扶而直；白沙在涅，与之俱黑。兰槐之根，是为芷，其渐之滫，君子不近，庶人不服，其质非不美也，所渐者然也。故君子居必择乡，游必就士，所以防邪僻而近中正也”，就是强调环境对于道德教育的重要影响作用。实际上环境不仅影响道德教育的效果，而且也会影响道德教育活动本身。一个长期生活于具有高尚道德氛围中的教育工作者，也会采取更加道德的方式和手段来开展道德教育，而那些生活于暴力和专制横行环境中的教育工作者也会受到影响，难免会采取一些暴力的手段和专制的教育方式。正是由于这一点，杜威强调，道德的教育的出发点和归宿不是受教育者而是环境，构建一个道德的学校教育环境乃是道德教育的重点；内尔·诺丁斯则强调，完美的道德教育并非道德教育这门课程本身，而是学校内部所有的教育活动、所有的人和事都是道德的，因为只有在这样的环境中，人们才能感受到道德的温暖和力量，人们才会自觉自愿地去做一个道德的人，道德教育才能真正发挥润物细无声的效果。

反观现实，我们的“道德教育”离“道德的教育”还有比较长的距离，还远远没有达到变成“道德的教育”的要求，为了缩短二者之间的距离，促使“道德教育”变成“道德的教育”，进而提高道德教育的感召力和实效性，我们还需要付出艰辛的努力。虽然沿途充满荆棘，但是只要我们坚持不懈，终点就必然能够到达。

第四章　大学生礼仪与自身素质修养

第一节　礼仪与思想道德修养

一、礼仪修养的内涵与价值

（一）礼仪修养的内涵

礼仪，顾名思义，简单来说就是礼节和仪式。它具有规范性、限定性、可操作性、传承性、变动性与差异性。修养是指一个人在理论、知识、艺术、思想等方面的一定水平，另外还指养成的正确的待人处事的态度。“礼仪修养”一词，便是礼仪与修养的结合，是指人们为了达到某种社交目的，按照一定的礼仪规范要求，结合自己的实际情况，在礼貌、品质、意识等方面所进行的自我完善和自我改造。

（二）礼仪修养的价值

现代社会是知识经济时代，是信息社会，世界变成了“地球村”，国家与国家、民族与民族、团体与团体、个人与个人之间的接触和往来越来越频繁，不仅仅是从前的政治军事往来，现在更多的是经济往来、文化交流等。我们的生活中不仅处处需要适当的礼仪方式，国际交往中更是需要礼仪修养，所以，加强礼仪修养显而易见。

礼仪主要指的就是人际交往中个体之间的行为规范，是人们在生产生活中慢慢形成的，主要以习俗、传统及情感和习惯等相关形式体现出来。良好的礼仪不仅能够体现民族的气质及个人的修养，还能够展示出国家的魅力。当代大学生是国家发展及构建社会主义和谐社会的中坚力量，所以提高当代大学生的礼仪修养，有效提高当代大学生的综合素质有着重要的意义。

二、加强中国当代大学生的礼仪修养的重要意义

（一）我国优秀传统文化传承的需要

我国自古以来就十分推崇礼仪，认为礼仪是安邦治国之本，可想而知我国对礼仪的重视程度。荀子说过，人无礼则不生，事无礼则不成，而国无礼则不宁。由此可见，礼仪一直以来都是我国社会生活中不可分割的一部分，并且是古代人经世治民、安身立命的准则。我国在世界上素有礼仪之邦的美誉，而这正是我国礼仪文明一直传承的结果。所以加强当代大学生的礼仪修养正是将我国优秀的礼仪文明继承下来，这是我国优秀的传统文化弘扬及传承的需要。

（二）构建社会主义精神文明和谐社会的需要

社会主义精神文明建设最基本的内容就是礼仪修养，而这正是我国当前大学生思想政治教育的重点所在，中共中央对此极为重视，还颁布了相关政策支持精神文明建设，明确提出了明礼诚信这一要求。大学生是推动我国社会发展的重要力量，因此，加强当代大学生礼仪修养方面的教育，对构建和谐社会有着极为积极的作用，且意义重大。

（三）大学生综合素质提升的需要

由于长期受到当前教育体制及社会不良风气的影响，当前大学生普遍存在人文素养缺失的现象，礼仪修养正是其中的一方面。衡量一个人的文明程度的标准通常就是礼仪，礼仪不仅能够反映出一个人的道德情操、气质和风度及精神风貌，还在很大程度上体现了一个人的应变能力及交际技巧。当代大学生要更好地融入社会，礼仪修养是必修的一门课程，每一个人都生存在社会关系中且随着社会长期不断地发展，逐渐形成了一套礼仪规范，能够很好地遵循这套规范的人则能更好地融入社会，不能遵循这套规范的人则必然会被社会排斥。大学生正是迫切需要得到社会认同的群体，只有认真学习并且具备得体的礼仪，同时还能正确处理人际交往过程中遇到问题的大学生才能更快、更好地适应及融入社会，除此之外，加强礼仪修养方面的培养是大学生全面发展的必然条件。随着社会的不断发展及时代的变迁，社会对人才的要求不断提高，不仅追求在校成绩优秀及工作出众，还追求全面发展。而大学生要全面发展并且提升自己的综合素质，必须重视礼仪的学习及应用，让自己成为一个全面发展且德才兼备的人，进而更好地融入社会，为国家的发展贡献力量。

三、礼仪失范的分析

（一）家庭教育的偏失

部分家庭由于众多原因忽略子女在生活中礼仪方面的教育。当代大学生独生子女居多，所处的家庭环境不尽相同，有的家庭在子女教育上，忽略全面理性的思考，导向出现偏差，孩子是掌上明珠，大部分孩子自我意识强，对于尊重他人、关爱身边人、严于律己、宽以待人做得不到位，对于礼仪的某些核心不明，出现一些对礼仪的不知性；在一些家庭中，全家人把家中的孩子视为“小皇帝”，孩子说一不二，娇生惯养，缺少礼仪的教育。在教育方式与内容上，急功近利，缺少系统的内容，呈现无计划的盲目随意性。

（二）自身修养的不足

当今社会受各种思想影响，出现许多“热”，造成当代大学生非常注重自身外在的形象，追求穿着时尚，外表华丽，认识不到礼仪的重要，待人接物中不知道如何用恰当的方式表达效果更好，忽略礼仪方面的修养。生活中有的大学生不注意自己的言行举止，有时出现一些失礼的言行，有的则是对真善美认识错误。

（三）社会的不良影响

社会的发展，各种信息传播速度快，一些不良的信息、不文明的行为等礼仪缺失的现象对大学生带来一些负面的影响。一些优秀传统的礼仪观念被淡忘，某些新思潮影响着大学生的礼仪修养的提升，在生活中出现礼仪缺失现象。部分大学生对优秀传统的礼仪认知不够，一些传统的思想与现代流行的生活方式相矛盾时，大学生判断上可能出现无所适从。有的大学生自己的礼仪修养较好，但其表现在一些不注重礼仪的交往中不被理解。有礼行不通的情况增多时，会直接或间接影响大学生对礼仪修养的提升。

四、当代大学生礼仪修养的现状及其原因

（一）当代大学生礼仪修养的现状

目前，当代大学生的礼仪修养呈下滑趋势已是不争的事实。其具体表现，我认为有以下几个方面：首先，现在的大学生在家普遍衣来伸手，饭来张口，父母稍有责怪或者唠叨过多，便开始顶撞父母，有甚者竟然因父母不能满足自己要求而对自己的父母痛下杀手。根据学校调查，现在的大学生无故旷课、不守纪律、与老师发生冲突等现象在不断增加。其次，借网络发展之便，大学生将更多的时间安排在网上冲浪与聊天、追剧之中，喜欢网

络词汇，追求个性，崇洋媚外，穿衣打扮个性的同时追求名牌。总之，当代大学生的礼仪修养确实不尽如人意，的确存在很大的弥补空间。

（二）造成当代大学生礼仪修养现状原因

一是家庭方面。当代的大学生中大多都是独生子女，不仅没有兄弟姐妹之间的相处与分享，更多的是家长普遍存在溺爱，对孩子的骄纵，使孩子认为目无尊长、以自我为中心是理所应当。

二是学校方面。虽然素质教育已经推行很多年了，但是应试现象却有过之而无不及。各学校对礼仪教育的重视程度不同，但实际上大部分学校并不能将礼仪教育落在实处，大学生在学校，理论上没有补充，更别提在实践上了。

三是社会方面。社会经济迅速发展，改革开放后，与国际接轨，但西方思想的流入中不乏腐朽文化，这些文化侵蚀着大学生的心灵。社会转型，就业压力增大，什么读书无用论、金钱至上等不良风气，动摇着大学生的信念。

四是大学生的自身方面。学校、家庭与社会对大学生教育的匮乏导致大学生礼仪知识不足，从而自身礼仪意识淡薄，自己不能够认识到加强自身礼仪修养的重要性，大学生常见的理论与实践的脱节，一定程度上也影响着礼仪修养的知行不一。

五、提升我国当代大学生礼仪修养的重要途径

（一）多加借鉴传统文化及国外优秀的礼仪文化，从中汲取有益的礼仪经验

中国传统文化中涉及海量的礼仪经验，提高当代大学生的礼仪修养可以充分借鉴传统文化。孔子要求自己的弟子学六艺，“礼”排在首位，由此可见，“礼”自古以来就十分重要，是古人进行教育的出发点。古人的礼仪教育从孩童时候就已经开始了，例如《童蒙训》《三字经》及《千字文》等广为流传的读物，这些书中关于为人处世及修身养德方面的内容所占比例较大。中国传统文化中的礼仪资源是取之不尽、用之不竭的，同时可以作为我国大学生礼仪修养培养的重要参考。

除此之外，在当今社会全球化的大时代背景下，还应该借鉴国外一些优秀的文化礼仪方面的经验，这样不仅能够促进我国大学生的国际交往，还能够有效提升我国当代大学生的礼仪修养。社会发展得越快，对于礼仪修养方面的要求就越高。所以当代大学生应该充分借鉴传统文化及国外优秀的礼仪文化为己所用，取其精华，去其糟粕，以此有效提升自己的礼仪修养，进而更好地适应当前不断发展的社会。

（二）家庭、学校及社会共同创建一个良好的礼仪环境

父母是孩子最好的老师，所以家庭环境对学生的影响不容忽视。儿童的礼仪规范及社会生活的基本知识等都是从父母身上学起的，因此家长应该以身作则，认真地教育好孩子懂礼貌、讲礼节等良好的礼仪习惯。一个有礼仪修养的家庭培养出来的孩子必定是有礼仪修养的孩子。除此之外，学校是学生礼仪修养培养的重要场所，一所校风优良的学校对学生个人素质培养及今后职业发展都有着极其重要的影响。同时社会应该形成一种良好的礼仪修养氛围，制定礼仪规范的相关制度。当一个人处于社会中，周边人都非常讲究文明礼貌，那自己肯定不会做乱扔垃圾等一些不道德的行为。只有家庭、学校和社会三者共同努力创建一个良好的礼仪修养环境，才能更好地培养当代大学生的礼仪修养。

（三）注重大学教师的礼仪修养培养，将礼仪教育融入课堂

在课堂教育中，教师处于主导地位，所以注重对高校教师的礼仪修养培养是进行礼仪修养教育的必备条件。在实际课堂教学过程中，教师的一举一动都对学生有着极大的影响，所以要提升当代大学生的礼仪修养，首先应该提升高校教师的礼仪修养，为大学生的礼仪修养教育活动的展开带来师资方面的保证。

高校应该将礼仪修养纳入教育系统，开设礼仪修养课程，使当代大学生系统地学习礼仪修养方面的知识及实际应用的规范。据了解，我国大部分高校都还没有将礼仪课程设置为诸如大学外语及思想道德修养这类要求全校学生必修的课程。而这是导致一些大学生缺乏礼仪修养的原因之一，这会在一定程度上影响大学生今后职场中的人际交往。所以，将礼仪修养教育归入高校教育体系中是完全有必要的。

（四）大力开展有关礼仪文化方面的活动

礼仪修养方面的教育要取得成效，就必须结合实践，使得大学生在各种实践活动中加深礼仪方面的知识及规范。礼仪实践活动的开展应该以校园文化活动为载体，在高校校园中营造文明礼仪的良好氛围，多多开展一些丰富多彩的有关礼仪方面的活动，例如小品、辩论赛等。除此之外，还可以充分利用校园广播等播报一些名人讲究礼仪的事件，树立良好的礼仪榜样。同时高校教师还应该多多鼓励学生参加校内外的各种礼仪活动及公共活动，以此不断丰富自身礼仪实践经验，将大学生的精神面貌及礼仪魅力充分展示出来。

礼仪修养是一种基本的社会准则，其中主要包括行为规范、道德及习俗礼仪等，是属于社会行为的一种最为基本的准则。大学生是祖国的未来，所以加强大学生的礼仪教育是十分必要的。礼仪修养的培养不应该仅仅是喊喊口号，更应该将其落到实处，鼓励大学生从身边小事做起。同时礼仪修养方面的培养内容应该适应社会的发展，在大学校园中大力

宣传，进而培养出高素质且具备良好礼仪修养的大学生。

我国素有“礼仪之邦”的美誉，几千年灿烂的文明，培养了中华民族高尚完善的礼仪。礼仪是一个民族文明进步的标志，是一个民族精神风貌的体现；对个人而言，礼仪是一个人外在美与内在美的有机结合，是衡量道德水准的标尺。大学生是国家未来的建设者，大学生学习礼仪，掌握礼仪，自觉执行礼仪规范，是人际交往成功的必备条件，也是未来中国文明进步的标志。

礼仪修养不是与生俱来的，也不是一蹴而就的，而是需要后天不断地学习和教化中逐渐形成和提高的。个人礼仪是以文明的行为标准成为一个人自觉自然的行为，是一种渐进的过程。因此作为大学生，需要长期的知识的积累、情操的陶冶和不断的实践。

（五）高等院校要为大学生礼仪培养创造条件

大学生个人形象往往与高校形象画等号，所以大学生是否有礼仪直接体现了这一院校的风貌，大学生的礼仪素养的提升有助于整个高等教育形象的维护。高等院校要真正看到礼仪在高等教育中的重要性，加强礼仪教育，设置礼仪课程，把礼仪教学纳入文化素质教育的总体规划中，礼仪教育的目的不是仅仅让学生懂得一些礼仪知识，更重要的是让学生把学到的礼仪知识应用到社会生活中去，并能够有所创新，体现出新一代大学生的风范。学校要创造条件组织学生参加礼仪实践活动，帮助学生学会适应在不同场合进行交际活动的方式和方法。如学校组织的升旗仪式、誓师大会、演讲报告、社团活动等等，这些活动不仅加强了学生的集体精神，而且提供了更多交往的机会，也是践行礼仪知识的好机会。

教师要在学生参与各种学校社会活动的时候，应给予必要指导，这样更有利于学生礼仪素质的提高。

（六）充分发挥个人的主观能动性

学习礼仪的基本前提就是主体有着自己的主观要求，礼仪规范是人们自觉自愿遵守和维护的行为准则，是在个人主观意识控制下进行的，大学生只有充分认识到学习礼仪的重要性并愿意投身到礼仪的学习中，才可能努力学习礼仪知识，主动去实践。要让大学生认识到“秀外慧中”的道理，大学生有着精湛专业的知识和技能很重要，但是外在的形象、气质，对于个人也是重要的，个人礼仪在个人整体形象塑造中有着很重要的位置，它反映出一个人的精神面貌和内在气质。

礼仪是一个人外在美与内在美的有机结合，内心善良，自然会善解人意，体贴他人，对美有着很好认识的人，穿着打扮自然搭配得体大方。在社会生活中，人们扮演着不同的角色，最佳的礼仪是人们的礼仪符合社会对这个角色所规定的要求。在实践中不断认可自己正确的行为，不断发现自己行为中的不足及时进行改正，把学习礼仪、运用礼仪变成个人自觉的行动，通过长时间不断地努力使讲礼仪成为自己的行为习惯。

（七）理论联系实际，循序渐进

礼仪是一门应用科学，在学习过程中，大学生不仅仅是要掌握礼仪知识和礼仪规范，更重要的是把这些礼仪规范自觉应用到自己的学习、生活、工作中去，在学习过程中，认识到礼仪的重要性，在自己的社交过程中，不断用礼仪来规范自己，改正过去不合礼仪规范的一切行为，是自己在思想和行为上保持与礼仪要求的一致性，在不断的实践中形成礼仪习惯。

礼仪的学习是个循序渐进反复实践的过程，对于一些礼仪知识、礼仪规范，要反复体会不断运用，才能真正掌握。现代社会，人际交往越来越多，在学习了礼仪的理论知识后，要以主动积极的态度，坚持理论和实际相结合，将自己学到的礼仪知识应用到社会实践的方方面面，能自觉以礼仪准则规范自己的言谈举止，这样持之以恒，就会逐渐增强我们的礼仪修养，改掉一些粗俗不雅等不良习惯。

（八）丰富文化知识，努力提高个人修养

修养是一个人的气质、涵养、学识的综合体现，修养并非一朝一夕可以养成，修养是一个需要等待，不断积累知识，不断精进提高的过程，修养是一个没有最好，只有更好的没有终点的修为。

礼仪是个人修养、风度、气质等的综合反映，丰富的文化知识是礼仪修养的重要内容，也是提升礼仪品位的坚实基础。讲礼仪、有修养的一般都是文化知识丰富的人，相对而言，他们考虑问题比较周密，分析问题比较透彻，处理问题比较得当，在人际交往中能够充分体现出他们的个人魅力。因此对于大学生来说，学习礼仪知识只是开始，学习丰富的文化知识，让我们的礼仪更有内涵，更有品位。

礼仪修养是人一生一直学习的课程，大学阶段是一个人世界观、人生观、价值观形成的关键时期，礼仪修养与大学生的成长密切相关，对于他们将来是否能够成为优雅有修养的人奠定了良好的基础。

当今信息、技术高速发展，大学生不仅仅要掌握自己的专业知识，还应该注重自己的综合素质的培养，努力做到成为一个有理想、有文化、有道德、有纪律的四有新人，做一名在德、智、体、美、劳全面发展的新知识分子。当代大学生思想道德修养的提高对于其人生的发展具有促进作用甚至终身受用，我们可以通过教育和自我教育两种方法相结合的方式，从两个方面来提升当代大学生的思想道德修养，做一个新时代内外兼修的大学生。

六、当代大学生思想道德修养的含义

有学者认为“素质是指个体在先天禀赋的基础上，通过后天对知识和技能的内化升华而形成和发展起来的相对稳定的品质和素养的总称”。[1] 大学生的思想道德修养包括“思想政治与道德素养、社会实践与志愿服务、科学技术与创新创业、文体艺术与身心发展、技能培训等五个方面引导和帮助广大学生完善智能结构，全面成长成才”。[2] 我们可以将这几个方面素养概括为德、智、体、美、劳五个方面的协调统一的发展，它们的含义、地位、作用各有不同，同时又是一个有机的统一体。

德，指的是大学生的品德的培养，中国有句古话“要成才，先成人！”我国一直都非常重视人才的道德的培养。要培养当代大学生形成较为稳定的心理特点、思想倾向和行为习惯，必须加强对当代大学生的思想政治工作，使其成为促进社会发展、对社会有用的而非阻碍社会发展、危害社会的人才。当今出现了一些犯罪分子利用自己掌握的高科技技术危害社会的行为，被社会称为“高智商犯罪”，便是思想政治教育缺失的表现。智，主要指大学生的专业知识、技能等。在这一点上对当代大学生的培养，各个高校发展的都比较迅速，无论是学生的数量还是质量上都有了很大提高，智育与德育同样重要，它决定了当代大学生的终身发展的方向，是衡量我国当代大学生发展情况的重要指标。尤其是在我国“科教兴国，人才强国”的国家战略的要求下，提高当代大学生的知识文化水平意义非凡，同时对于提高我国的科学技术水平和综合国力同样有着重要作用。

身体是革命的本钱，有好身体才能更好地学习和生活这一点无可非议。目前大学生自觉参与锻炼的少，大学生要加强锻炼身体。美育方面当代大学生也普遍存在缺失，即使有同学愿意学习一些美学知识也仅仅是出于自己的兴趣。劳，主要指的是当代大学生的社会实践活动，如参加一些社区活动，参加专业技能培养或者参加专业实习等。在这方面因为当代大学生所处的阶段等现实情况的影响，当代大学生的课内外实践活动的种类和方式都比较丰富。但是，现在依然存在不少问题，当代大学生的实践活动大多集中于专业技能方面的实践活动，社区服务活动和志愿者服务活动之类的实践活动则参加得不多。对于老师要求、学校要求的活动参加得多，自愿报名的实践活动参加得少。众所周知“高等教育是培养高素质人才、创新科技成果的重要基地”，[3] 大学生要不断提高自己的德、智、体、美、劳方面的综合素质的水平。当代大学生思想道德修养的提高不仅是其自身发展的需要也是

[1] 张振福，陈伟，陶丽萍．大学生素质评价体系研究报告 [J]. 武汉工业学院学报，2000（03）.

[2] 诸峰，陈峻，李忠祥．大学生综合素质的内涵与测评 [J]. 扬州大学学报，2004（06）.

[3] 刘光明．丰富学习需要内涵是培养大学生综合素质的重要途径 [J]. 河南社会科学，2001（03）.

当今社会和时代对他们提出的更高的要求。

七、当代大学生思想道德修养提升的意义

我国改革开放的几十年里，高等教育培养了各种人才为社会建设和发展做出了巨大贡献，但目前学校依然存在“相对忽视了全方位能力的综合素质人才的培养，所培养的学生既不具备基本的实践技能，也不愿意深入基层工作，造成了人才培养与使用需求脱节”[1]的问题。

首先，当代大学生作为掌握高知识技能的人才对生产力的发展起到重要作用，是推动社会进步的积极力量，因此提高当代大学生的思想道德修养在经济和社会发展中具有不可忽视的地位。当代大学生未来也关系着“中国梦”的实现，作为高级知识分子应该发挥自己的重要作用，为实现“中国梦”不断努力。提高当代大学生的思想道德修养是学校为了适应国家和社会的需要，全能型人才的培养对于学校的发展也有不可替代的作用。

对于当代大学生个人来说，思想道德修养的提高不仅仅代表自身在人才市场的竞争力的提高，也是自身人生发展的需要。要培养自己的外在气质，使自己成为一个“有气质，积极进取，阳光向上”内外兼修的人才，在人生的道路上综合素质的提高也将使你受益终身，一个“内外兼修”的人才会受到更多人的尊敬，也可以在职场中更好地发挥自己各方面的才能，但是怎样才能提高思想道德修养呢?

八、当代大学生思想道德修养提升的途径和方法

一方面学校要加强相关课程的设置和相关学科的设置，完善相关的基础设施。大学生要坚持用马克思主义理论武装自己的头脑，形成正确的人生观、价值观和世界观。同时努力学习基础知识，加强专业知识学习促进“智育”的发展。在学习的同时也不能忘记积极参加各种活动，尤其是增强身体素质的活动，目前当代大学生的日常锻炼时间非常少是一个不争的事实。我们要注重自己对美的培养和追求，培养自己高雅的情操，最后要积极地参加各种实践活动。在实践中要重视培养自己的创新能力，因为创新人才培养是加强大学生综合素质教育必然和根本的诉求。

另一方面，学校基础设施和相关配套设施以及相关制度的建设也是发展当代大学生综合素质的关键，当代大学生可以通过参加学校的相关实践活动提高自己的思想道德修养。如大学生就业活动中心的设立对于提高当代大学生的思想道德修养起到了积极的作用，当代大学生通过在就业中心见习或参加活动中心举办的各种活动，在活动中学生不仅锻炼了

[1] 张骞．试论学生综合素质培养的问题与对策 [J]. 天津师范大学学报（基础教育版），2010（4）.

自己的交往能力和实践能力，而且也可以达到提高当代大学生思想道德修养的目的。学校还可以完善相关的制度体系来促进当代大学生综合素质的提高，如制定相关的促进学生就业、创业的政策，制定针对当代大学生的奖学金和助学金的政策。这些都是能够促进当代大学生综合素质提高的具体举措。制订一个切实可行的针对当代大学生的综合素质的评价机制。构建一个有现实意义又可行的评级机制和制订相关的奖惩措施对推动大学生综合素质的提高有重要影响。一个公平、公正且具有科学性的评价体系对当代大学生思想道德修养的提高有重要意义。我们可以根据思想道德修养的要求分成五个部分，然后分别进行评价。采用“五点一线”的评价体系。

总而言之，当代大学生还应该把自身的命运与国家的命运联系起来，要坚定地为人民服务，为国家服务。国家繁荣发展的过程中知识分子在其中起到了重要作用，他们将自己的青春投身于祖国的建设当中，并取得了让人骄傲的成绩。在建设创新型国家，强调自主创新的过程中，进一步加强创新型人才培养，其实质是长期以来加强大学生思想道德修养的一个延伸。

（一）以学生为核心构建系统的思想道德教育体系

思想道德体系建立的根本目的在于提升学生的思想道德修养，目前传统的教学方式只是根据书本内容强制性地向学生灌输道德知识，这就使得思想道德教育成为纸上谈兵，收效甚微。现在的高职院校对学科的划分主要是根据特定职业或岗位对人才的需求来确定的，这就造成学生对知识的接触过于单一，培养出的人才具有很强的单一性，一旦就业形势发生改变，会使学生缺少竞争力，不能很好地适应社会的发展。通过构建专业教育 + 通识教育的人才培养方式，帮助学生更好地建立正确的人生观、价值观、世界观。通过通识教育把道德教育与生活结合起来，不能眼高手低只懂得道德教育知识，在生活中却没有道德情感和道德意识。道德教育要根据学生的特点因材施教，要充分考虑受教育者个性的发展需求及个性发展的多样性。从丰富大学生的课余生活，组织多样的课下活动，如帮助孤寡老人，或者组织学生帮助环卫工人清扫街道，或协助交警指挥交通等方式，让学生感受到默默为社会付出的这些人的伟大，增强学生的社会责任感，提升学生的思想道德修养。

（二）以网络为途径助力思想道德修养教育

网络已经成为大学生日常生活中必不可少的一部分，电脑、智能手机的普及发展，使得大学生对社会信息接触得越来越多，网络媒体的舆论导向对大学生来说具有重要意义。就像“感动中国”中的人物，这些人我们很陌生，如果没有网络和媒体我们根本不知道原来身边存在这么多令人感动的人和事，我们应以这样的人为榜样，向他们学习，树立起我们自身的思想道德标杆。网络信息传播的及时性、开放性、互动性，为大学生提供了表现自我张扬个性的舞台，同时维护国家权益、维护民族团结等话题的讨论，使大学生的爱国主义情怀被激发，让大学生感受到身为中国人的骄傲和自豪，自发地将自己同祖国的繁荣昌盛紧密联系在一起。

（三）深挖传统文化中的现代元素，培养学生的责任意识

大学生是国家的未来，应该承担更多的社会责任，实现更多的社会价值，“修身齐家治国平天下”这句话就阐明了一个人要想成为对家庭、社会、国家有用之人，就要先从自己做起，修养自身品性，端正自身思想。现今社会人们对传统文化中的儒家思想越发推崇，儒家学说的精华在于教导人们如何修身立德，培养高尚情操，善待他人，构成了一个完整的社会道德体系。儒家思想提倡的“尊老爱幼”“勤奋好学”“遵守礼仪”“忠君爱国”等理念在经过了几千年的发展演变后又赋予它们新时代的意义，通过在通识课程中设置儒家学说的精华并组织学生学习这些传统文化在现今社会的现实例子，从而达到培养学生的爱国主义情怀，加强学生自身的社会责任感，提高学生的思想道德修养的目的。

综上所述，加强大学生思想道德修养是一件综合性的任务，高职院校肩负着为国家、为社会输送人才的重任，更应该注重对大学生综合素质的培养，充分发挥大学生自我反思、自我学习的主观能动性，通过课上教学，课下举办活动，引导大学生树立正确的人生观、价值观，不断提高大学生的思想道德素养。

第二节　礼仪与艺术修养

大学生艺术教育中存在很多礼仪修养缺失的问题，极大影响大学生在校园乃至公众面前的文明礼仪形象。应从四方面提出加强大学艺术教育对礼仪教育渗透策略，如：正确认识艺术教育，转变礼仪教育观念；礼仪教育走进课堂，课程设置多样化等。

中华民族是著名的礼仪之邦，在中国五千年的文明历史中，有无数先辈是现代人的礼仪楷模，因此，现代大学生更应该具备必要的礼仪修养。然而大学生群体之中出现很不乐观的礼仪缺失的现象，简析如下：

一、大学艺术教育中礼仪教育缺失问题

首先，大学艺术教育中虽然注重学生艺术欣赏以及审美等教育，但是中华民族的礼仪教育却有些缺失。面对中华五千年的优良礼仪文化，大学生却觉得那些礼仪过于烦琐，很

不时尚，因此产生抵触情绪。其次，面对开放的现代社会，部分大学生对于学校的教学和生活规章制度不能遵照执行，有时明知故犯。对于师长的教诲不理不睬，对于同学的困难漠不关心。同学之间产生纠纷，双方不知礼让，往往出现很多矛盾。

二、大学艺术教育中礼仪教育重要性

（一）指导学生塑造较完美形象

当今社会，经济发展程度越发完善，人们对文明礼仪的要求也不断提高。因此，学生塑造良好的外表形象在其工作、交往中有着非常重要的作用。对于个人如此，对于组织也是如此，每个成员，都是组织的形象大使。可见，大学礼仪教育中开设的个人礼仪教育、社交礼仪常识，还有必要的交际或形体训练等，对大学生形成端庄的礼仪、渐趋完美的形象至关重要。

（二）引导大学生养成良好性格

人常说：细节决定成败，性格决定命运。礼仪训练的优劣直接决定着大学生性格的好坏，训练礼仪的过程就是形成良好性格的过程。优良的礼仪给他人的感觉就是谦逊大方、彬彬有礼，因此对于个人魅力的塑造是至关重要的。

（三）构建学生良好的人际关系

在马克思主义哲学当中曾经提到：人的本质并非将单个人的特征进行抽象，而是全部社会关系的总和。我们都明白一个道理，只要有人群的地方就会有多种社会关系，在众多的人际关系中，形形色色的人担任着不同的角色，在不同群体中，需要相互配合与协作，进而满足人们各自的需要。所以，大学生建立良好的人际关系对其未来的发展意义非凡。礼仪教育主要涉及交往态度、求职技巧、为人处世等内容。通过这方面的培养可以使得学生自我修养得到大幅提升，并且拥有很强的自控能力。在与人接触的时候能够保持谦卑与乐于助人。如果学生能长时间地坚持礼仪知识的学习，那么其人际交往能力必然得到很大的提升。这些能力对学生将来的发展有着至关重要的作用。

（四）提高学生求职就业竞争力

礼仪教育对于大学生的形象和性格以及人际关系的形成至关重要。面向社会求职的大学生来说，最为关键的是提高大学生的竞争力。因此，礼仪教育可以大大提升专业技能较强的学生的外在举止，使得这些学生内外兼修，从而在社会竞争中保持优势。

三、加强大学艺术教育对礼仪教育渗透策略

（一）正确认识艺术教育，转变礼仪教育观念

广大师生应该正确认识艺术教育，不仅仅注重专业艺术的培养教育，更应该注重文明礼仪教育。在教学观念上，各大高校和所有大学生应该提高认知，转变观念。从本质上明确艺术教育至关重要，但礼仪教育不可缺少。礼仪教育应该在艺术教育课程中成为重要的组成部分。在理论上补充，更要结合实践，在实践中学习礼仪，提高大学生的礼仪修养，全面提高学生的礼仪素质。

（二）礼仪教育走进课堂，课程设置多样化

艺术教育是大学生的必修课，在课堂中渗透礼仪教育是提高大学生礼仪的有效途径，有些大学课程中没有设置艺术教育课程，尤其是以理科专业为主的大学，这种方式使得礼仪制度与我国传统文化之间难以有效衔接，使得礼仪教育和人文教育独立开来，这对大学生人格的培养极为不利。所以，高等院校必须把礼仪教育作为一门必修课程来开设。其次，某些学校由于基础设施欠缺导致礼仪教育可能难以开设，那么可以设置一些选修课以供感兴趣的学生选修。最后，除了基本的礼仪教育以外，高等院校还可以通过健身房的机构训练学生的形体，让学生既有内在美也有外在美，从而提升大学生的综合素养。

（三）创设良好的学习环境，营造学习礼仪氛围

艺术教育不仅仅局限在课堂教学中，更要在广阔的校园生活中大放异彩，在丰富多彩的校园活动中渗透必要的礼仪教育。因此，创设良好的学习环境，营造学习礼仪的和谐氛围对提高礼仪教育尤为关键。首先，在校园艺术社团中建立礼仪宣传队，通过宣传队的多项礼仪宣传活动，使广大学生看到宣传队员的礼仪带头作用，引导学生明白优雅的礼仪形象是能够训练出来的。其次，如果学院当中开设秘书专业，那么可以举办相关的比赛来进行优秀秘书评选，并将参赛者分成专业组与业余组，然后借助个人才能展示、基础知识掌握程度来进行评选。这种类型的活动一方面可以使得学生更加重视对基本的礼仪规范的学习，另一方面可以让学生认识到礼仪知识学习的重要性。再次，图书馆应当购进更多的关于礼仪培养方面的书籍，以供大学生进行学习。最后，务必将通过学习礼仪知识便可以提升自身修养的思想灌输给学生，让这种良好的礼仪学习氛围在学生当中扩散。

（四）强化教师队伍建设，鼓励学生自我修养

艺术教育教师要在教育教学中创设时间和空间鼓励学生主动交际，自觉进行礼仪交往，

引导大学生在实践中提升自己的礼仪修养。同时，大学艺术教师更要言传身教，用文明的语言感染学生、用高雅的行为影响学生、用儒雅的礼仪熏陶学生，使学生看到自己的榜样，积极主动地学习效仿。鼓励学生及时改正自身的不良行为习惯，循序渐进、稳步提高、积极进取、文明理智、力争上游。真正做到文明出行、礼貌待人、言谈高雅、形象优雅，提升自身的人格魅力，达到在学业和事业等方面稳步发展。

综上，在我国的精神文明建设环境下，大学生礼仪教育是至关重要的环节，因此，教师要结合多方面因素提高大学生礼仪修养，调动家庭、社会、个人、学校等多方面力量齐抓共管、群策群力，力争全面、快速地提高大学生礼仪教育速度，使大学生不仅具备丰富的知识，还具有高水平的礼仪修养，成为社会上具有高尚道德修养的高级人才，为中华的富强兴旺贡献力量。

第三节 健全的身心素质

从社会、学校、家庭等方面分析影响大学生身心素质的因素，阐释培养大学生身心素质的意义，探究培养大学生身心素质的方法。

身心素质是身体素质与心理素质的合称。身体素质是指大学生应具备的健康体格，全面发展的身体耐力与适应能力，合理的卫生习惯与生活规律等。心理素质是指大学生应具备的稳定向上的情感力量，坚强恒久的意志力量，鲜明独特的人格力量。

一、培养大学生良好身心素质的意义

（一）良好身心素质是社会对大学生的基本要求

健康的身心不仅有利于大学生树立正确的人生观、价值观，形成健全的人格，提高社会适应能力，而且有利于大学生身体健康、协调发展，使他们茁壮成长。大学生只有具备良好的身心素质，才能承担起建设国家、报效祖国的重任。

（二）良好身心素质是大学生成才、发展的基础和关键

大学生成才应具备 4 项基本素质，其中政治思想素质是主导，科学文化素质是核心，心理品格素质是关键，身体素质是基础。虽然，偏离“主导”会方向不清，抓不住“核心”会没有重点，但如果没有良好的身心素质，大学生发展就会成为无源之水、无本之木。

（三）良好身心素质是大学生发展的内在需要

由于受社会、家庭以及自身发展的阶段性等因素影响，许多大学生没有形成良好的身心素质，这严重影响了其健康成长。因此，为了祖国美好的明天和未来，为了大学生幸福、快乐的人生，必须着力培养他们的身心素质。

二、影响大学生身心素质的因素

社会、家庭和学校教育等是大学生产生身心问题的主要因素。

（一）社会多元文化价值观影响大学生的身心健康

随着西方文明的涌入及网络时代的到来，涌现的新事物、新思想、新潮流，给大学生传统、稳定的价值体系带来很大冲击。其中在给大学生带来新的思想意识和价值观念的同时，也对其身心健康产生了一定影响。

（二）社会不良环境对大学生的身心健康产生影响

受拜金主义、金钱至上思想的影响，部分图书馆、青少年活动场所的功能也发生了变化，成了谋求经济利益的地方。不良的社会风气，内容不健康的书、影碟和游戏不仅影响了大学生心理的健康发展，而且带来了许多社会问题。

（三）学业压力

由于没有了中学时的严密监管和学习重压，不少学生进入大学后因自律性较差、未掌握大学的学习方法导致考试不及格，心理压力大，从而易引发如自信心下降、意志消沉、过分担忧等复合情绪障碍。

（四）就业压力

部分大学生观念陈旧、思想僵化，既不能正确看待当前的就业形势，也不能正确评价自己，小事不愿做、大事做不好，对就业前景悲观失望，对自己的前途丧失信心。

（五）人际关系

一部分大学生由于生活中缺乏情趣，兴趣狭窄，性格孤僻，易患上抑郁症，严重者甚至出现自残、自杀倾向。

（六）家庭教育

父母不当的教育使大学生任性、依赖、骄横。一部分家长在子女考入大学后将更多的精力转移到提供经济支持上，对子女的心理成长关注不够。

（七）学校原因

高校注重专业知识、专业技能的教育教学模式，忽视了对大学生创造能力的培养以及心理健康教育，从而不利于大学生形成健康的心理和健全的人格。

三、大学生良好身心素质的培养

（一）树立正确的自我意识

健康、正确的自我意识表现为认识自己和对待自己的统一。这就要求大学生既要能正确分析、观察、评价自己，做到自知；又要能对自己不满意的地方正确看待，做到自爱。树立正确的自我意识，需要对成才目标进行正确定位，将过度期望转变为适度期望。教育者要对学生尊重与要求并重，以鼓励为主、批评为辅；加强校风、班风建设，为大学生自我意识的健康发展创造良好环境。只有多方并举、多管齐下，才能促进大学生自我意识健康发展。

（二）掌握应对心理问题的科学方法

遇到心理困惑或问题时，要敢于正视，不可逃避。首先，要掌握科学的思维方法，抓住主要矛盾和矛盾的主要方面，各个击破。其次，主动学习心理健康知识，提高心理健康意识，自觉维护自身的心理健康。通过参与心理健康课，阅读心理健康书刊以及寻求心理咨询人员的帮助等途径，正确认识自己的心理状态，针对自己的情况进行心理调整。

（三）合理地控制情绪

人的情绪是有周期性的，总是从平和、高峰、平和、低谷、平和……周而复始，循环往复，高峰体验和低谷体验都是短暂的。在低谷时期较敏感、脆弱，一旦受到外在因素的干扰，极可能采取极端行为，给他人和自己造成无可挽回的损失。所以，当处于情绪的低谷期时，要学会做自己情绪的主人，善于调控自己的情绪。首先，合理宣泄（如找朋友或老师倾诉，唱歌、跳舞等）。其次，积极转移（如感情受挫而转移到学习中去；生活中得不到期望的尊重，就转移到增强自我内涵的活动中去，学习、锻炼、社会实践等都是很好的转移方式）。最后，升华提高（对学习效果不满意，就认真分析原因积极改进；当自己屡屡退缩，不敢展现自己，就寻找机会锻炼自己，直到真正具备实力为止）。

（四）积极参加集体活动，增强人际交往能力

人际交往与沟通能力是事业发展成败的关键。健康的人际交往不仅有利于大学生个性完善、情绪稳定，而且有利于增强团队的合作意识，增强社会适应能力、人际交往能力、

表达能力、动手能力、开拓创新能力、组织管理能力以及自控能力等。

此外，积极参加体育锻炼，保持身体健康，也是促进身心健康的重要途径。

总之，大学生身心素质的培养和提高，需要依靠学校有目的、有计划地进行，更需要依靠大学生坚强的意志与毅力及其在平时学习和生活中的锻炼。

四、音乐审美对大学生身心素质的影响

随着经济和社会的快速转型，应试教育弱化了学校人文素质教育，导致大学生身心素质发展问题越发突出，犯罪、自杀等恶性事件常见于媒体。当然，当下大学生的身心总体是健康的，可问题的出现也不是偶然发生的，有其内在的规律，从某种程度上说，也折射出了当代大学生的身心状态和当前高等教育存在的问题。如何构建有效的学生心理健康发展模式，探寻有利于学生良好心态发展的途径与干预方式，是高校广大教育工作者所面临的一项重要而又紧迫的任务。

（一）音乐审美的价值与情感熏陶性

音乐在各门类艺术中素来享有“皇冠艺术”之誉，在许多大师的美学体系里都享有很高的地位。孔子曾说，“兴于诗，立于礼，成于乐”，乐是人进行自我完善的最佳媒介。王夫之曾这样阐发孔子的“成于乐”：“‘成于乐’……治于视听之中，而得之于形声之外，以此而已矣”（王夫之·《船山全书》）。老子也曾有“大音希声”之说。在古希腊，音乐被认为是追求真理和美的活动，是打开精神世界和宇宙世界的钥匙。柏拉图认为最好的音乐能使最优秀和最有教养的人获得快乐，能把人教育成为美和善公民。叔本华的哲学最具代表性，他的哲学可以说就是音乐哲学，他认为，音乐跳过了理念，不依赖现象世界，直抵本体，“音乐乃是全部意志的直接客体化和写照”，“不是理念的写照，而是意志自身的写照”[1]，音乐是“形体化了的音乐”或“形体化了的意志”[2]，他甚至把“音乐”等同于“意志”：“音乐如果作为世界的表现看，那是普遍程度最高的语言”[3]，它诉说着理性的概念无法言说清楚的本体问题，或者说音乐就是“意志”的喉舌，绝不是它的表象，“而只是表现一切现象的内在本质，一切现象的自在本身，只是表现着意志本身”[4]，“是最内在的、先于一切形态的内核或事物的核心”，提供的是“前于事物的普遍性”[5]。

[1] 叔本华．作为意志和表象的世界［M］．石冲白，译．北京：商务印书馆，2004.

[2] 叔本华．作为意志和表象的世界［M］．石冲白，译．北京：商务印书馆，2004.

[3] 叔本华．作为意志和表象的世界［M］．石冲白，译．北京：商务印书馆，2004.

[4] 叔本华．作为意志和表象的世界［M］．石冲白，译．北京：商务印书馆，2004.

[5] 叔本华．作为意志和表象的世界［M］．石冲白，译．北京：商务印书馆，2004.

音乐美的最大特点是抒情性，这一点比其他门类艺术更有优势。黑格尔也看到了音乐迥异于其他艺术的地方，“音乐是心情的艺术，它直接针对着心情”[1]，因此音乐对人内心的影响是深刻的：“如果我们一般可以把美的领域中的活动看作一种灵魂的解放，而摆脱一切压抑和限制的过程，因为艺术通过供观照的形象可以缓和最酷烈的悲剧命运，使它成为欣赏的对象，那么，把这种自由推向最高峰的就是音乐了。”[2]大学生正处于青春期，生理发育已经成熟，但其心理还处于不成熟的阶段，这种生理上的成熟和心理上的不成熟之间发生着激烈的碰撞，当遇到此类问题时往往不知所措。高等教育的大众化，社会对人才的高要求而造成的就业压力，大学生存在着认知上的茫然，这种茫然极易诱发学生的心理问题。而有时的盲目乐观、自我中心、自以为是，易引起他人的反感进而导致失败感，并导致苦闷、自卑，有时甚至会引发过激行为和反社会行为。影响大学生身心素质健康发展有其大学生自身性格与修养、家庭学校及社会的影响，而音乐审美欣赏，对上述问题的解决和缓解有其独特的作用。

音乐审美欣赏是艺术哲学的一个分支，是一项音乐艺术实践活动，它通过对音乐的感知、体验和理解来呈现，从而使被教育者获得对音乐美的享受，得到心灵的慰藉和认知的满足。它作为人类文化的重要载体和形态，蕴含丰富的文化历史内涵，以其独特的艺术魅力伴随着历史文化的发展，是人类精神世界的伊甸园。它的过程是认知过程和情感体验过程相互交融的，感性与理性并存的活动，是一个主观能动的再创造过程。教育者和大学生一道，通过对音乐作品作曲家的创作意图、思想情感、时代背景的分析，增进对作品的理解，再从听觉的直观感知中获得信息，结合现实生活经历以及对音乐的认知，通过想象等一系列的心理活动来探索音乐想要诉说的内心独白，通过心理情感的映射和反馈，产生对音乐美的共鸣。

荀子在《乐论》中提到：“夫乐者乐也，人情之所必不免也，故人不能无乐。”音乐对性格的培养、情绪的稳定、心智能力的发展所起到的积极作用，在我国备受教育家、心理学家、音乐家的关注。所以高校应加强对大学生音乐审美欣赏的重视，通过音乐审美欣赏教育来直接感受教育者内心深邃的情感世界，使其心灵得到净化和陶冶，人格得到激励和升华。由此可见，增强大学生审美能力，提高大学生的艺术修养，对促进大学生身心健康的全面发展，能起到事半功倍的作用。

（二）音乐审美的内涵与心理活动过程

音乐美的构成主要包括乐音、节奏、和声、音色、旋律和曲式，这些要素构成了音乐

[1] 黑格尔．美学（第三卷上）［M］．朱光潜，译．北京：商务印书馆，1986.

[2] 黑格尔．美学（第三卷上）［M］．朱光潜，译．北京：商务印书馆，1986.

作品的整体结构。乐音总是在在场和不在场之间来回摆动。节奏是乐音时值进行有顺序的组织，通过节拍、重音、休止、强弱、快慢、松紧等体现出来，是音乐作品的骨架，在许多音乐家那里，节奏都具有比旋律更为重要的表现意义。和声是两个以上的乐音按照一定的规则同时发声而形成的音响组织，西方 19 世纪以前的音乐都以和声为基本表现形态。旋律是由不同音高富有逻辑规律的单声部音乐构成，不同的旋律与紧张、痛苦、欢快等情绪状态密切相关。

音乐是流动的时间艺术，其创作和表演都是为了供人欣赏，它给人们带来美的享受，带来精神层面的满足与愉悦。以人作为主体和以音乐作品作为客体来说，不同的作品给人带来不同的听觉冲击，即便是相同的作品也会有不同的理解，不同的个体产生的音乐审美感也具有个体性。人们通过主体意识活动，用审美的眼光来欣赏音乐，有选择性地给自身加以影响，可以给身心带来和谐美好的体验。音乐审美欣赏和美学、历史、地理、人文、心理学等学科也有密不可分的联系，可以使学生思维能力从单一转向多维度、多元化的方向，与其他学科相互渗透及融合，不仅为自己学科专业奠定了良好的基础，而且为培养开拓性思维做好了准备。音乐审美欣赏是情感依托的一种形式和载体，对大学生的自我价值的实现，审美观念的提高，创新思维的养成，情感表达能力的丰富，身心素质的提高，都有举足轻重的作用。斯宾格勒曾言，“只有音乐才能使我们离开这个（视觉）世界，粉碎光（视觉统治）的无情暴力，并使我们妄想我们即将接近心灵的最终秘密”，而“音乐对我们所具有的不可名状的美丽和典正解放的力量，正在于此”[1]。也就是说，音乐审美能让人从外在的视觉世界回到自我的内心世界。

音乐欣赏一般分为审美期望、审美实现、审美弥散三个阶段，它是一个包括感知、记忆、想象、情感、领悟的心理活动过程。第一个阶段欣赏者通过聆听获得对音响的感知和直觉的感受，第二阶段则是通过联想深入体会到音乐所要表达的思想的过程，而最后一个阶段升华至对音乐的理解、顿悟并产生共鸣。例如华彦钧的二胡曲《二泉映月》。首先，它那百转千回、愁肠凄凄的旋律，给人带来听觉上直接的冲击；其次，从故事、乐理，还有先前的感性经验把握，定性乐曲的基本情绪；再从起伏多变的力度和速度，以及非常具有导向性的标题，理解作者是如何通过对景色的借喻来表达悲愤交加，饱尝人间辛酸与痛苦的内心世界。有了基本的理解后，再进一步把乐曲与当时的时代气息联系起来，把想象的内涵通过心理结构推向本质的最深处，进而引导出这首经久流传的二胡曲，并非简单意义上描写景致和借景抒发个人心中苦闷的愁绪的乐曲，而是对那个时代被压迫的穷苦大众刚毅、坚定、不屈不挠的性格体现，是对那个黑暗社会的控诉之声，从而把音乐审美欣赏

[1] 斯宾格勒．西方的没落［M］．齐世荣，等译．北京：商务印书馆，1963.

提高到人类社会审美进步的高度，这便具有深刻的现实意义。

就音乐的美感来说，叔本华认为，急促而变化不大的曲调就像人的欲望迅速得到满足所获得的幸福感一样是令人愉悦畅快的；缓慢的、逆耳的不谐和音要在许多节拍之后才回到主调音上，它就像久久得不到满足的欲望一样是悲伤的、痛苦的、压抑的；快板舞曲短暂而紧凑的节奏就像轻易就得到的幸福是庸俗的；那种轻快的、音句大、音距长、变音幅度广阔的舒展慢调则标志着一个远大高尚的意志，看不起琐屑的幸福，“在柔调中达成最高痛苦的表示，成为最惊心动魄的如怨如诉”，但音乐并不是这种个别的愉快、抑郁、痛苦、恐怖、快乐、高兴等，而是抽象地、一般地表示它们自身。只有刚调才能把我们从这痛苦中解救出来：“正是这种专属于音乐的普遍性……才赋予音乐以高度的价值，而音乐之所以有这种价值乃是因为音乐可以作为医治我们痛苦的万应仙丹。”[1]音乐审美欣赏是唤起各种心理要素的综合活动，要完整地欣赏一部作品，不仅仅从曲子本身，还得从人类文化的发展作整体分析，需要整个身心的投入，并发散到情感心绪的每一处，从而相互渗透，互相协调，升华为美的体验和感受。

（三）音乐审美对大学生身心健康发展的作用

1. 大学生身心健康状况

我国自 20 世纪 80 年代中期以来，大学生存在心理障碍的人数呈逐年增长的趋势，其频率、范围、程度都在不同程度地加快、加大、加深。由于他们既要应付由生理带来的心理上的变化，又要承受社会环境给予的压力，所以处在各种错综复杂的心理矛盾之中。生理、心理、学业、就业、社会关系、人际交往等各方面对大学生带来的影响，使他们存在不同程度的心理压力，是导致心理障碍的主要因素，这一状况不容乐观。学生存在着适应的问题，其中包括生理成熟和心理成熟相对迟缓的矛盾，寻求理解和自我闭锁的心理矛盾，理想性和现实性的矛盾，独立性和依赖性的矛盾，群集友谊和争强好胜的矛盾以及情感困惑等心理情绪。相对问题较大的学生来说，更多的人处于心理亚健康的状态，这是心理健康的灰色地带。从医学的角度来看，这些处于灰色地带的学生虽然各项体检指标都趋于正常，但与健康的学生相比，这部分学生通常表现为学习效率低下，生活质量较差，食欲不佳，注意力涣散，情绪不稳定易焦虑，对人生没有明确的目标，学习没有动力等。

从学校教育来看，注重应试教育，人文素质的短腿，使学生变得功利、自我为中心，当今社会网络、媒体的发达，大量良莠并存的信息，享乐主义、拜金主义、虚无主义、自我中心主义等心理特征在大学生中盛行。他们盲目追求浅薄的“快餐文化”，远离经典著作，人文底蕴欠缺；心理浮躁，难以静下心来读书做学问，缺乏理想与信念，有的甚至漠

[1] 叔本华 . 作为意志和表象的世界［M］. 石冲白，译 . 北京：商务印书馆，2004.

视他人的情感与生命。

如果心理长期处于亚健康状态，并且不采取有效的手段和措施进行抑制，很容易会滑向心理疾病的状态，所以这是当代大学生心理指导方面不可忽视的重要问题。音乐审美欣赏是改变大学生心理问题的有效途径。

2. 音乐审美对大学生能力培养的作用

音乐是美的产物，语言的尽头是音乐产生的地方，所以人们通过音乐表达自己的内心情感，以及对事物的各种愿望，淋漓尽致地刻画出令人神往的意境，直接打动欣赏者的心灵。音乐就像色彩斑斓、光怪陆离的梦境一样，让人可以在自己创造的内心世界自由翱翔，使情感和音乐达成共鸣，获得精神的满足。因此，音乐欣赏可以培养大学生对美的感受能力。音乐可以给学生带来充分的想象，它可以是一个具体的形象，一个复杂的故事，一幅美丽的图画，同时它也可以是一个抽象的概念，一个对某种心理感受的刻画，这种想象联想过程，可以让大学生充分体会到美，培养学生思维的广阔性、独立性、新颖性。在感受和体验到美的基础上，大学生可以自主对美进行创造，这是学生在具体的应用或学习生活的拓展和延伸中的一种表达方式，也是在对周围的事物和自己本身的深入的认识后得到的情感升华。

音乐审美欣赏培养了大学生审美的能力，调整他们的审美观、价值观、人生观，从而使压抑的情感得以抒发、情绪得以释放。

3. 正确开展大学生音乐审美欣赏

大学生具有探索精神，他们善于透过思考来发现问题的本质，因此大学生对音乐审美欣赏的选择和倾向与其文化层次、成长环境、个人兴趣息息相关。根据不同的个性差异可以提供古典、流行、民间、世界各种不同民族特色的音乐来进行普及与推广。让大学生乐于参与其中，并从音乐审美活动中获得良好的情绪体验，产生乐趣，同时提高感知力，迅速判断和协调身心的能力使其得到锻炼，变得更加敏捷、灵活。综上，我们需要关注以下三点：一是使注意力引向音乐；二是注重音乐中的情感的抒发，它有助于消减学习等的心理压力；三是对音乐形态时代性的分析，激发大学生的爱集体和爱国家的热情。

学生在大学期间是非常想体现自我的阶段，而音乐审美欣赏恰巧可以增加情绪的稳定性及和谐性，对独立人格的形成和自我效能感的提升有显著作用。音乐审美欣赏可以营造学生在一起相互交流、团队协作、共同探讨问题的轻松愉悦的环境，以消除工作、学习、生活中带来的烦恼、压力及疲劳感，给身心以舒适，进而表现出良好的精神状态。这就很大程度上抑制了内心的矛盾与冲突，消除了心理上的忧郁和躁动，平复了心理上的焦躁，维持了内心的平衡。只要方法得当和引导正确，通过音乐审美欣赏来缓解和改善大学生，由于各种来自社会、家庭、就业、生活等方面的压力而产生的心理压抑及焦虑的效能是显而易见的。音乐审美欣赏以其特有的表现形式和强大的影响力可以满足大学生追求真善美、寻求理解、追寻自我、寻找爱和归属感等高层次的社会需要，从而激起大学生乐观稳定的情绪、积极向上的生活态度、健康向上的人格。

大学生音乐审美欣赏，是一个复杂而精细的教育和心理认知过程，我们应思考和研究每一个教育和心理环节的互动过程，从心理特征了解音乐审美活动，把握音乐审美欣赏心理中所蕴藏的规律，最大限度地提高大学生的音乐鉴赏力和音乐审美判断力。大学生由音乐元素的基本概念认知至音乐的鉴赏与表现，是一个渐进的过程，掌握音乐作品的适宜度，有效地开展音乐审美欣赏陶冶模式的心理教育，充分发挥音乐艺术的心理健康功能，是润物细无声。大学生音乐审美欣赏力的提高，必将会有意无意地把这种美学修养迁移到其他的学习生活中，其后续效能是难以估量的。

五、定向运动在提高大学生身心素质中的作用

定向运动是利用一张详细精确的地图和一个指南针按照规定顺序，独立寻找若干个标绘在地图上的地面检查点，并以最短时间跑完全部赛程为胜的体育运动项目。定向运动自20世纪80年代初传入我国以来，在高校中发展迅速，因其具有技术性、趣味性、竞争性等特点，既可以培养高校大学生独立分析问题、解决问题的能力和拓展思维能力，又可以在自然界中陶冶情操、锻炼身体，从而起到提高大学生身体素质和心理素质的良好作用。

（一）定向运动在提高大学生身体素质中的作用

1. 可以促进大学生耐力素质的提高

定向运动往往是不借助任何交通工具，徒步寻找目标，因此如果没有良好的耐力素质是很难完成比赛任务的。然而仅仅把枯燥乏味的长跑作为提高耐力的有效手段，已经很难吸引大学生的兴趣。定向运动所特有的趣味性使大学生乐于坚持长时间的耐力锻炼，他们穿梭于空气清新的丛林、山地、溪流、沙滩、湖泊等自然风光之间，角逐着体力，较量着智力。大学生在不断地判断地形和选择路线中，快乐地接受野外生存训练，不知不觉中锻炼了耐力，同时也提高了意志力。

2. 有助于培养大学生的适应能力

定向运动这种新型体育项目不用太多投资，只需绘制定向地图和较少的器材，充分利用校园、公园、郊外田野、森林、山地、沙漠、草原等现有地形条件，把仅限于体育课堂的、竞技性很强的跑、跳、投、攀爬、跨越等基本内容延伸到社会和大自然中去，最大限度地拓展了体育课堂的空间和时间，使大学生的活动空间增大。对于参与者来说，每一次

任务都是新鲜的，其中所遇到的困难和问题都是不可预见的，这就要求参与者用自己的智慧、体力与他人合作，尽快适应各种环境，及时处理遇到的问题，使他们在不断战胜困难和体验成功的过程中，增强适应能力。

3. 有助于培养大学生终身体育的意识

定向运动要求参与者除了具备定向运动的相关知识外，还需要具备一定的体育理论、体育卫生、自然常识等，以便在运动中科学地分配体力，合理地调整呼吸，控制跑的姿势和速度以及运动中的伤病预防，自救和互救。通过定向运动这种方式使大学生在课堂上所学到的知识在实践中得以应用，把理论与实践结合起来有利于大学生养成良好的锻炼习惯和形成终身体育意识。

（二）定向运动在培养大学生心理素质中的作用

1. 有利于培养大学生顽强的意志品质

定向运动的比赛都规定了一定的距离，设计了一定的路线，而且在定向比赛中道路复杂多样，这就要求参加者有好的速度和耐力。它特有的趣味性使学生乐于进行长时间的耐力锻炼，学生在寻找标志点的过程中需要克服一定的困难。这对于学生的意志品质起到很好的磨炼作用，从而促使学生养成敢于面对困难、挑战困难、战胜自我的品质。

2. 有利于大学生独立判断能力的培养

为了在最短的时间内找到目标，定向运动的参加者必须根据比赛的地图，独立准确地确定自己所在的方位，并且快速地决定前进方向，选择正确的运动路线，从起点到终点都必须独立地做出所有决定，没有任何提示。在整个活动过程中，自己的果断独立能力决定了路线的正确与否，从而影响整个比赛的进程。所以，定向运动对于培养大学生的独立思考与判断能力非常有效。

3. 有利于大学生个性的培养和发展

定向运动不仅仅锻炼了学生的耐力素质，而且还促进了学生个性的发展。学生在跑动过程中学会思考并选择最佳的路线，同时在找点的过程中持有一丝不苟的精神和认真仔细的态度，根据地理位置判定自己在图上的实际位置，从而培养了学生独立解决问题和分析问题的能力，防止和避免优柔寡断、孤僻怯懦的性格，使学生在运动过程中充满信心，体会到成功的乐趣。同时，教师鼓励学生勇于创造、积极进取，使学生在定向运动中既锻炼身体，提高运动技能，又达到发展个性和完善人格的目的。

4. 有助于发展大学生的协作精神

学校体育教学的目标之一就在于增强学生的社会适应能力。对于当今社会而言，社会适应能力就意味着要与别人充分合作，协作意识与协作能力已经成为人们生存发展的重要内容。定向运动本身就是一项需要参与者相互交流、互相协作的项目。在教学中遵循由易到难、由简到繁的原则，根据学生的自身特点，分配不同难度的任务，明确比赛规则，使学生只有通过相互沟通、积极协作才能完成任务，最终经过团队的努力找到了目标、到达了终点，这样又可以充分体验到合作带来的快乐。而开展班际、系际、院际比赛，还可以增强学生的集体荣誉感。

第四节 大学生思想道德修养与礼仪修养的方式

大学生思想道德修养的高低决定着我国未来国民素质水平的质量，所以加强大学生思想道德修养与礼仪修养的培养十分必要，但高校对思想道德与礼仪修养的教学还有很多不足之处。针对加强大学生思想道德修养与礼仪修养的方式，做出了进一步探究，对思想道德修养与礼仪修养发展现状、培养的意义与培养方式给出了指导与建议。

一、大学生思想道德修养与礼仪的现状

（一）高校对大学生思想道德修养与礼仪修养的重视程度

对于思想道德与礼仪修养的培养，人们过多地会注重在孩子年龄比较小的阶段开始培养，忽略了大学时期的培养，但其实中小学是培养的初级阶段，大学是将道德与礼仪定型的阶段。这样加强大学生思想道德与礼仪修养培养就显得尤为重要。但是，在一些高等院校的基础教学中，比较重视大学生的文化素质教育，往往忽视了道德文明教育。在众多的高校课程中，大学生的思想道德教育与礼仪修养的课程都有开课，但通常都是选修课或者课节安排得很少。高校对思想道德建设的不重视会导致大学生思想道德修养与礼仪修养的缺失。

（二）加强道德修养建设培养的方式需要整改

大学生的思想道德建设是一个漫长的过程，也是十分重要的过程。大学生思想道德培养的方式方法直接影响着最终教学成果的质量。目前，大学生的道德建设与礼仪修养的教学方式还比较单一，大多都是理论课程，并没有与实际生活需要及社会实践相结合，许多方式都是空谈。因此，改进教学方式对培养大学生思想道德建设十分重要。

二、加强大学生思想道德修养与礼仪修养方式的意义

（一）有助于完善大学生人格的需求

人格是指个体在对人、对事、对己等方面的社会适应中行为上的内部倾向性和心理特征。高校开展思想道德培育课程着重培养的是大学生的宏观教育，对人格培养教育程度还不够。日常生活实践证明，思想道德建设成功的关键是要与日常生活的行为规范紧密结合，生活实践最容易强化人的思想观点、礼仪行为与心理道德。因此，培养大学生思想道德修养与礼仪是推进学生人格向前发展的驱动力。

（二）有助于提升大学生的人文精神

高校教学的重要目的之一是提升大学生的人文精神。一个人的文明举止是否优雅、是否有气质是文化素质底蕴的表现，更是人文教育结果的检测。大学生通过对礼仪规则、姿态、语言的培养，学习高雅的礼仪、养成礼仪的交往方式与风度会体现出谦逊有礼的风范。

（三）有助于培养大学生的文化认同感

文化是一个民族文明的象征，因此培养大学生的民族文化认同感非常重要。失去民族文化认同感会不利于民族文明的发展。民族文化认同感需要社会各界的努力，所以在高校培养学生的文化认同感十分必要，同时也是比较有效的一种教育方式。大学生对道德与礼仪规范的学习，会推动中华民族文化的发展与传承，增强我国文化发展的实力。

三、加强大学生思想道德修养与礼仪修养的方式

（一）加强学校的思想道德建设

大学生的思想道德建设是一个长期且艰难的过程，教育需要日积月累才会有成果。思想道德建设在大学期间有着塑造与定型的作用，因此，高等院校要加强学生的思想道德建设，除了在日常理论教学方式培养上，更要注重在大学生的日常生活实践培养。例如，带大学生走进社区敬老院，关爱孤寡老人，陪老人说说话、聊聊天、整理内务等，亲身感受思想道德文明建设的成果。社会实践是比理论教学更直观、更具有教学效果的教育方式，所以，在授课方式上要改变以往的传统方式，鼓励大学生走出校园、走进社会、贴近生活，让大学生在实践中自行思考什么是道德文明，什么是礼仪修养。

（二）加强心理教育

当代大学生由于学业压力、就业压力大，学生的心理状态起伏波动较大，如果高校不

加强心理教育，大学生心理健康就会有下滑趋势。人的心理如果不健康，走极端是非常可怕的一件事，大学生心理不健康的表现甚至会促使大学生走上违法犯罪的道路。高校加强心理教育迫在眉睫，学校可以开展一系列的心理健康讲座，给大学生讲解思想道德建设的重要性，创建社团组织相关礼仪的晚会等，使大学生认识到道德与礼仪缺失带来的严重后果，形成良好的礼仪日常规范，并自觉遵守。

（三）塑造大学生的思想道德与礼仪修养

思想道德修养最重要的是让学生去具体实行，社会与高校采取的任何培养方式最终还是需要大学生去认可、去实践。首先，大学生要学会自行思考，对于社会中思想道德缺失的现象进行思考与反思。其次，要自觉学习，学会用辩证的、全面的眼光看待问题，不要随波逐流。最后，对于正确的思想道德与礼仪修养要自觉遵守和坚持执行，用自己正确的言行影响他人，充分体现出当代大学生的素质，真正地展示出我国大学生的风采。

总之，高校要结合各方面的力量全面培养大学生的思想道德与礼仪修养，在实际教学中，要深入探究更有效的教学模式，为大学生思想道德建设工作顺利地进行做好准备、为我国综合素质的提升做出努力、为国家培养高素质人才做出贡献，为实现“中国梦”贡献一份力量。

第五章　改善大学生心理健康教育的策略与方法

第一节　构建和谐文明的校园环境

和谐文明的校园环境是校园文化建设的重要内容，也是影响心理素质发展的重要条件。我们在校园建设中应按照党中央的要求，做到“以科学的理论武装人，以正确的舆论引导人，以高尚的精神塑造人，以优秀的作品鼓舞人”[1]，搞好宣传、教育和引导。和谐文明的校园环境，能使学生自觉严格要求自己，增强自我心理调节的能力；使人与人之间保持和谐的人际关系，利于同学相互沟通，相互帮助，有利于学生保持心理上的平衡。

和谐，是人类孜孜以求的理想社会状态，从古代的“蓬莱八仙”的神话传说，到陶渊明的《桃花源记》，都反映了人们对和谐社会的向往。社会由众多单元组成，只有各单元和谐，才能实现社会整体和谐。作为教育工作者，我们必须紧紧围绕“以加快发展推进和谐，以先进文化孕育和谐，以民主法治和平安创建保障和谐，以环境建设促进和谐，以先进性引领和谐”的基本点，认真去思考如何建设好和谐校园。

按照树立和落实科学发展观的思路思考，现阶段创建和谐校园应当从教育主体诸要素间的和谐发展入手。

一、建设团结和谐的学校领导班子是创建和谐校园的关键

和谐校园的生存与发展，教师是根本，班子是关键，校长是灵魂。学校领导班子是学校各项工作的设计者、组织者和带头人，只有学校领导班子的正确领导，全校师生员工才能团结一致，有共识，同努力，形成最大的合力。因此，抓好包括校级领导和中层干部在内的班子建设，就成了创建和谐校园的关键。

校长是领导班子的班长，是创建和谐校园的核心。从某种意义上说，有什么样的校长，就有什么样的学校。一位好校长，就会带出一所好学校。“领导学校，首先是教育思想的

[1] 中央“三讲”教育联系会议办公室编．讲学习讲政治讲正气教育读本[M]．常建读物出版社，1998.

领导，其次才是行政上的领导。”“我们总是力求做到使全体工作人员（从校长到看门工人）都来实现教育思想，使全体工作人员都全神贯注这些思想。”（苏霍姆林斯基语）这些教育思想应贯穿到校长的管理中去。校长要容人容事，淡化权力意识，既要实施集中领导，发挥集体领导的方向性、引领性作用；更要分层管理，权责到人，充分发挥每名成员的聪明才智，使班子整体效能最大化。校长要把教育的战略决策纳入社会整个大系统，充分开发和利用信息源、财源、师源、生源，依靠社会、家长，在继承的基础上，确定学校的办学思想、办学目的和培养目标，使学校成为构建和谐社会的坚强阵地。

学校还应根据实际需要，建立健全管理机制和领导班子，以和谐的理念和方法管理学校。领导班子要思想统一，目标一致，团结协作，职责分明。如果领导班子之间为名利、为地位，分帮派，明争暗斗，必然造成师生员工思想的混乱，行动的无所适从，产生个性被压抑，矛盾被掩盖，问题被搁置的“稳定局面”。这样的局面，连正常的教育教学秩序都难以维持，就更别谈校园的和谐了。因此，学校领导班子的团结和谐将为创建和谐校园起到重要的示范和导向作用。

二、打造一支高素质的师资队伍是创建和谐校园的根本

教职工是学校教育教学工作的实施者，是创建和谐校园的主体力量。因此，加强教工队伍建设是保证创建和谐校园目标得以实现的根本。学校要以教师发展为本，制订出学校促进教师专业发展和提高的中长期目标。要全面、发展、辩证地看待教师，承认教师客观的差异，公平调控差异。对爱提不同意见或有小毛病的教师，不求全责备，以尊重人、激励人、关爱人、发展人为前提，为每个教师的智慧和才能的发挥创造机会和条件，营造平等友爱、融洽和谐的人际环境，创设民主、积极向上的氛围。学校必须从教职工的长远发展出发，支持教师参加各类进修和业务培训，为教师提供乐业的空间、发展的空间、创新的空间，发掘教师的潜能，激发教师的内部动力。突出人文环境的建设，搭建民主平台，营造民主、平等、和谐的管理氛围，让教师参与学校的决策与管理，让教师感到“家”的温暖，不以行政命令压抑教师的个性，让教师的精神和人格得到自由的舒展。在教学活动中，给教师充分的自主权，鼓励教师建立自己的教育思想。支持教师进行教改实验，形成自己的教学风格，让教师时时刻刻感到自己是学校的主人。使教师的职业意识、角色认同、教育理念、教学风格、价值取向等，与学校的主体文化协调一致。浓郁而温馨的氛围，严谨高雅、务实进取的精神应成为学校文化的主流。任何一所学校，必须通过全体教师齐心协力，才能完成教书育人的重任。其中，每个人都发挥着不同的作用，企图通过几个“能人”是完不成系统任务的。因此，学校应大力提倡同心同德，团结乐群的协作精神。要让

教职工在宽容、公平与公正的和谐氛围中竞争，或多进行团队合作的竞争，大力培养群体精神和群体意识，从而获得效益的整体提升。再就是教工对各类的竞赛看得过紧，对个人荣誉看得过重，于是闭关自守，孤军作战，对同事处处提防，缺乏正确的价值观和群体意识。这些都需要学校制订考核制度加以正确的引导。力争让同一学科教师摒弃文人相轻、同行是冤家、保守自卫的陋习，互相学习，共同提高；不同学科的教师打破画地为牢的学科壁垒与偏见，涉猎其他学科知识，改变自己单一的知识结构，走综合型教师发展之路。教师们团结合作是搞好工作的关键。只有真诚合作，才能出成绩。教师只有充分认识到集体的兴衰荣辱都关系到自己的切身利益，关系到渴求发展的莘莘学子，才能主动融入和谐互动的正向氛围中。

三、促进人的和谐发展是创建和谐校园的核心

学校管理是以全体师生员工的和谐发展为核心。为此，应处理好刚性制度约束与人性化的人文管理的关系。过分追求刚性制度约束，制订了比较完善、严密的规章制度来强化对教职工的控制监督。这样并没有真正唤起教职工的工作热情，还会出现高原现象，教职工不是真心实意地为学校着想，不是时时处处维护学校的形象，而是事不关己，高高挂起，明知不对，少说为佳。这样一来，学校还有和谐可言吗？

要创建和谐校园，学校领导必须转变观念，以人为本，树立正确的教工观，努力搞好领导与教工的人际关系。因为学校的领导与教工之间绝不是老板与打工仔的关系，学校的教工也是学校的主人，只是分工不同罢了。学校是育人的基地，如果没有了教工负责任的态度，没有了教工积极地参与，没有了教工创造性的发挥，单靠几个领导的力量，学校能出好成绩吗？因此，领导应彻底改变单靠“硬性”的行政指令要求教师完成教育教学任务的做法，把各种任务、要求和教师的态度、感情、利益、发展的需要结合起来，以公平的信念创造各尽所能、各得其所的激励和分配机制，全力营造融洽、和谐的人际关系和民主平等、团结尊重的校园环境。不可否认，目前大多数学校的管理关注的主要是学校工作的结果，注重学校管理的效率，出现了对管理主体——教师和学生的忽视，对人的创造潜能的忽视。管理的核心是管“人”，人是具有主观能动性的，如果把具有思想、情趣、个性的人当作一般的“物”，见物不见人，过分强调制度的严格，势必造成人的创造欲窒息，出现人际关系紧张、气氛压抑的局面。因此，学校管理应体现人文精神，要人格化、弹性化，充分尊重人、相信人，让每个人都感到自己的重要作用。要通过沟通、换位思考、丰富多彩的校园活动、情感交流等多种方式，实现从“量化”向“能动”的转变，努力构建“以人为和，追求人和”的学校管理模式。教师人心顺了，主人翁意识增强了，就会自觉

地把自己和学校的发展紧密地结合在一起。校兴则我兴，校荣则我荣。全校上下一条心，学校何患不和谐呢?

四、建立新型的师生、生生关系是创建和谐校园的重要内容

形成良好和谐的师生关系，是实施和谐教育的前提。在教师与学生之间应建立起以民主、平等、和谐为基本特征的新型师生关系。积极创建民主、和谐的学习氛围和精神氛围。师生之间应该是相互交流、相互启发、相互补充，教师和学生要分享彼此的思考、经验和知识，交流彼此的情感、体验与观念，实现教学相长和共同发展。这就意味着教师与学生角色的双重转变：教师式学生和学生式教师；还意味着师生关系向着师生平等、互相合作、彼此尊重、民主教学方面发展。教师在与学生的交往中，要能做到理解学生，尊重学生，宽容、平等地对待学生，就能建立一种互相信任、和谐共处的良好师生关系。

在同学之间应建立相互尊重、相互激励、相互学习的新型同学人际关系。一个学生在学校度过的时间是比较长的，他只有与周围的同学建立良好的关系，保持融洽、正常的交往，才能在心理上得到安全感、归宿感。由于每个学生的生活经历、爱好、个性上的差异，在待人接物上有一定的主观倾向性，他们很容易由于趣味相投而形成一个个小群体，对班集体产生一定的影响，若不加以引导，往往会产生摩擦，破坏彼此间的关系。对待差生，则应教育学生不要歧视、疏远他们，应该伸出温暖的手拉他一把，给他一个悬崖勒马、改过自新的机会，让他跟着班集体一同进步，共同搞好班集体。通过教育，让学生认识到同学之间只有建立良好的关系，学习上互相帮助，取长补短，共同进步，才能对双方都有莫大的好处。教师还应增加学生的合作学习的机会，使他们长期处于友好合作的学习氛围中，建立一种亲如兄弟姐妹的和谐关系。同时，教师要优化自己的情感，以健康的情感去感染、教育、鞭策和激励学生，与学生平等、友好地相处。化解生生之间、师生之间的矛盾与摩擦，创建安全稳定、健康和谐的成长环境，改变重智轻德，单一追求智育的现状。树立育人为本的思想。在增长科学文化素质的同时，通过各种有趣的活动，使学生思想道德素质、劳动技能素质、心理素质、身体素质等方面都能和谐共进，使学生在活动中互相学习，互相帮助，团结友爱，形成和谐的同学关系。

第二节　调整心理健康教学策略

一、大学生心理健康教育模式现状

目前，高职学生心理健康教育的现状并不乐观，与党中央、国务院和有关国家部委的要求存在着较大差距。这些差距主要表现在：部分院校，尤其是民办职业院校对大学生心理健康教育的重要性认识不到位，还未将大学生心理健康教育作为学校学生工作的重要组成部分纳入议事日程，领导体制与工作机制不健全。心理健康教育机构和队伍建设还不能满足需求。调查结果发现，近一半的职业院校未成立学生心理健康教育机构，超过 1/3 的职业院校没有专职或兼职心理咨询人员，大部分院校基本未对班主任和辅导员进行心理健康知识的培训。部分大学生虽然建立了心理健康教育机构，开展了心理咨询辅导工作，但心理健康教育活动单一，吸引力和针对性不强，宣传力度不够，没有积极组织大学生开展心理健康宣传日或宣传周、心理剧场、心理沙龙、心理知识竞赛等活动，更未形成教育与自我教育、课内与课外相结合的心理健康教育形式。

部分大学生心理健康教育没有咨询地点和经费支持。因此我们必须清醒地意识到，大学生心理健康教育还没有完全得到应有的重视，大学生的心理健康教育状况尚存在着不容忽视的问题。因此，构建多层次、多侧面、全方位的，能与大学生身心发展的规律和特点相适应的规范化和机制化的心理健康教育模式，是新形势下加强和改进大学生思想政治工作的迫切需要，是维护和促进大学生的心理健康，全面提高其心理素质的迫切需要。

二、大学生心理健康教育模式改革策略

大学生心理健康教育无论是作为一项事业或者一个科研领域，都具有无限发展的性质，永远也不会停留在一个水平上。随着国际国内客观环境的变化，思想观念的改变，以及东西方各种形态的民族文化的大碰撞、大融合、大发展，大学生的思想意识、价值观念及其心理健康状况也必定是动态变化着的。引起变化的原因也是多方面的，既有宏观因素的影响也有微观因素影响，有主观因素也有客观因素，有积极的因素也有消极的因素，因而必定会有许多新的、热点问题需要我们去探索、去研究、去解决。

（一）强化理念研究

真正树立大学生心理健康教育的理念，是十分迫切的需要。只有先进的理念，才能指

导大学生心理健康教育。因此，进一步借鉴国外先进的大学生心理健康教育的理念，并结合我们实际，形成适合当代大学生心理健康教育新的理念是大学生心理健康教育十分重要的任务。

（二）强化教材建设及教法研究

目前，《大学生心理健康教育》教材尚有不够完善的地方，需要根据调查的事实，反映出来的问题，认真总结我国大学生心理健康教育教学的实践经验，按照新的要求、新的思路和新的标准修订教材。要做到图文并茂，既有理论指导又有实际案例，能适应网络教学的学生喜欢的心理健康教育教材。同时，要加大《大学生心理健康教育》的教法研究，做到全面系统又能因材施教。

（三）强化队伍建设研究

鉴于心理健康教育教师队伍和朋辈辅导员队伍仅有相对的稳定性，就总体而言始终处于吐故纳新、新老交替的动态变化之中，因而这两支队伍的培训工作不可能是一劳永逸的，需要进一步从机制化、规范化和制度化方面加以研究。

（四）强化模式相互作用研究

大学生要注意根据其学生心理特点的特殊性制订心理健康教育教学计划，设计合理的课时。在授课过程中引入大学生在实际生活中发生的案例进行讲解剖析，注重理论与实践相结合，要注意调动学生的学习兴趣，加深学生对心理健康的理解和认识。让学生在情境中体验、活动中领悟，注重培养学生积极、健康的心态，进而提高心理健康教育的教学效果。心理健康教育则包括发展性教育和补救性教育。发展性教育主要是有目的、有计划地对学生的心理素质与心理健康进行培养，使学生的心理品质不断优化。补救性教育则主要是对心理处于不良状态或心理出现问题的学生进行专门的帮助，使之恢复正常状态。这两种教育也是不同的层次，发展性教育主要面对正常发展的学生，是提高性的；而补救性教育则主要是面对心理方面出现不同程度问题的学生，是矫正性的。

大学生心理健康教育模式的各个组成部分及其运行机制尚需建立必要的规章制度，使其更加巩固，更加规范，能够长效化地保障最佳的功能状态。

（五）强化全员参与的研究

大学生心理健康教育不是孤立存在的，而是一项多角度、全方位的系统工程，需要各院校相互配合，深入研究。特别是大学生心理的高层结构即“三观”的形成，仅靠政工人员，包括德育工作者和心理健康教育工作者是不够的，必须有广大教师结合各科教学的积极参与，形成全员参与机制才能发挥心理健康教育的最大功效。这方面的研究试点工作亟待深入。

（六）强化高校间的研究与合作，促进大学生心理健康整体水平的提高

大学生心理健康教育有自身的特点，有许多共性的东西需要研究与探索。这就要加强高校间的交流与合作，营造研究氛围，才能整体推进大学生心理健康教育。

三、几种促进学生心理健康的教育模式

（一）充分利用一切资源宣传大学生心理健康知识

大学生由于面临的心理压力过大，导致校园暴力、酗酒、赌博、自杀等不良行为逐渐增多，加强大学生心理健康教育刻不容缓。虽说目前很多人都逐渐意识到心理健康对于一个人全面发展的重要意义，但绝大多数人关于如何减轻心理压力，释放不良情绪等心理健康的知识知之甚少，尤其是高职学生。因此，我们在对大学生进行心理健康教育时应充分利用资源大力宣传心理健康知识。

1. 校园网络

利用学校网络，开设专门针对学生心理问题进行咨询的网页。网页可以按照心理问题的类型进行分类：学业问题、情感问题、就业问题、人际交往问题等，每个板块都安排专业的心理咨询人员在线对学生的心理困惑进行解答，通过网络的形式宣传心理健康知识。

2. 专家讲座

学校可以定期邀请心理专家来学校开展心理讲座，宣传关于心理健康的知识以及如何进行自我心理调节等。通过这种方式，让学生尽可能多地认识自己面临的心理问题，并积极通过咨询、自我调节等措施减轻心理负担。

（二）发挥课堂教学在心理健康教育中的重要作用

课堂是对学生进行心理健康教育的主要阵地，只有充分利用教学向学生传授有关心理健康的知识，并通过课堂上教师的实际行动改善学生的心理状况，才能够真正促进学生的心理健康发展。

1. 将心理健康教育与思想政治教育相结合

在教学上，应将心理健康教育和思想政治教育结合起来，充分发挥二者的优势。一方面，我们应在心理健康教育过程中融入思想政治的内容，有针对性地对学生进行人生观、价值观、世界观的教育，帮助学生树立积极向上的人生态度，为其形成良好的心理素质打下坚实的基础；另一方面，在开展思想政治课时，应避免单纯地讲解枯燥的政治知识等，应善于利用心理辅导、心理咨询等方式提高思想教育的趣味性，使学生乐于学习。

2．教学内容贴近学生实际情况，提高学生学习的积极性

心理健康教育的内容应贴近学生面临的实际心理困扰，有针对性地对学生进行心理知识的讲解和心理辅导。社会大环境的多元化以及学生面临的心理问题的复杂性要求教师不断根据学生的实际情况调整教学的内容，尊重学生的个体差异性，不断提高心理教育的实际效用，真正做到促进学生的心理健康发展。

3．改革教学评价机制，提高教学的有效性

目前，许多大学生将心理健康教育作为选修课，课程评级方式往往是写一篇小论文即可，评价方式过于随意，教师的不重视直接导致了学生在学习过程中的应付性。因此，在今后的心理教育中，应逐步改革以分数为主的评价机制，对心理健康课程考核应该采取多种方式相结合的方法，侧重于考查学生应用心理健康知识分析并解决具体问题的能力，因此识记性的基础知识则不成为考核重点。只有这样，才能不断提高教师和学生对心理健康教育的重视程度，真正发挥促进学生心理健康成长的作用。

第三节　重视思想教育工作

心理健康教育在中国属新生事物，大学生心理健康教育作为一种育人手段，在我国只有 30 多年的历史，在 20 世纪 80 年代，大学生心理健康教育在中国起步时，并没有人意识到心理健康教育与思想政治教育会有关联，因为，心理健康教育强调价值中立，心理健康教育与政治完全是互不相干的两个领域。20 世纪 90 年代，有人提出心理健康教育应该成为思想政治教育的一部分，引起了激烈的争论。然而，在心理健康教育的实践中，人们逐渐认识到二者的本质是一样的，最终的目标也是一致的，二者开始融合、整合。目前的状况是，心理健康教育与思想政治教育的关系理顺，共同为学生教育发挥着独特作用，形成了鲜明的中国特色。

一、学生思想政治教育与心理健康教育相辅相成

思想政治教育不能离开学生健康的心理状态。一个人如果没有良好的人格形态作为内在的心理依据，没有知、情、意的协调发展，灌输外在观念就很难内化为大学生自身的价值信念和道德品行。大学生心理健康教育通过提高大学生的心理素质调动大学生积极的情感因素，促进其道德品质的形成与价值观念的内化，增强德育的可接受性和实效性，制约和影响着德育的效果。因此，心理健康教育既可以为有效实施思想政治教育提供心理条件，也是大学生思想政治教育目标和内容的合理扩展和延伸。

心理健康教育不能抛开对于学生形成良好思想道德素质和正确“三观”的要求。大学生思想政治教育的最终目的是要通过提高大学生的思想道德素质，帮助他们树立正确的世界观、价值观和人生观，决定着他们做人的根本方向和在社会中的精神根基和社会价值。而心理健康教育的最终目标是要发展学生健全的“人格”，具有远大理想和高尚追求的学生，往往较其他同学更具备正确的自我认知和较强的辨别能力，会以顽强的毅力和积极的态度自觉调适心理、自觉培养健全人格。如果说一个大学生没有良好的道德品质，没有伟大的理想抱负，没有爱国的拳拳之心和服务他人的意识，就很难说是一个人格健全的人。从这一点来讲，心理健康教育应该建立在思想政治教育的大目标上，才能有效地促进大学生的心理健康。

思想与心理的形成过程具有统一性。心理是人脑的机能，是客观事物在人脑中的主观反映。思想也有着相同的本质，是客观存在反映在人的头脑中，经过思维加工而产生的，思想对心理起决定作用，支配心理活动的方向；心理对思想有反作用，思想的发展变化受心理因素的影响和制约。思想和心理的密切联系决定了大学生思想政治教育与心理健康教育，具有内在的、深层次的一致性。因此，只有建立在符合心理规律基础上的思想政治教育才能深入人心，而心理健康教育只有建立在思想政治教育的大目标上，才能真正成为人格完善的手段、途径和方法。

二、重视思想教育，加快两者融合

思想政治教育与心理健康教育宏观方面的一致性决定了二者在微观层面是可以相互借鉴、有机结合的。近年来，广大思想政治教育工作者与心理健康教育工作者已经做了大量的探索和实践，取得了可喜的成就，使得心理健康教育这一全新的育人手段展现出强大的活力。

（一）实施体制融合

经过几十年的发展完善，我国大学生思想政治教育已经有较为健全的体制。上层有学校党委，中层有学生工作处、校团委、宣传部，基层有各系部党支部、团支部，这套体制保证了学校思想政治工作的有效开展。在大学生心理健康教育发展初期，不少人主张大学生心理健康教育应该完全游离于思想政治教育之外，走一条独自发展的道路。然而，二者之间的内在一致性，使得大学生心理健康教育事实上与思想政治教育存在着千丝万缕的联系。十多年的理论研究和实践探索表明，心理健康教育工作完全可以在已有思想政治教育体制下良性运行。

教育部在 2003 年颁布了《普通高等学校大学生心理健康教育工作实施纲要（试行）》，

明确了这一思想，指出："各高等学校要成立大学生心理健康教育工作领导小组，主管学生德育工作的党委副书记或副校长任组长，并明确职能部门具体负责协调和组织全校心理健康教育的教学、科研以及辅导或咨询工作。"按照教育部的要求，每所大学都要成立大学生心理健康教育工作领导小组，可以参与小组的职能部门很多，各大学可根据本校的实际情况合理组合，并不一定要有统一的形式。以下部门都可以纳入小组中，学生工作处、团委、宣传部、教务处、校医院、各院系分团委等。这种体制完全是建立在学校已有资源的基础之上，调动了学校各方面的力量，共同推动大学生心理健康教育的本土化。

（二）工作人员融合

心理健康教育是一项育心的工作，工作人员必须具备过硬的思想素质和业务才能达到教育目的。但是，这并不意味着心理健康教育是一项高不可攀、只有少数人才能从事的工作。在大学生心理健康教育工作初期，大学生心理健康教育队伍人员很少，远远不能满足学生需求，一些思想政治教育工作者尝试从事心理健康教育工作时，出现了反对意见，认为思想政治教育工作者不合适做心理健康教育工作。

事实上，思想政治教育工作者有丰富的学生工作经验，更容易理解和掌握心理健康教育的理论基础和实践方法。近年来，经过各级教育主管部门有计划、有组织的系统培训，已有大批的思想政治教育工作者成功转型，加入心理健康教育队伍中，成为大学生心理健康教育队伍的重要组成部分，解决了心理健康教育工作人员缺乏的问题，特别是辅导员，他们以独特的优势出色地开展着大学生心理健康教育工作，受到学生欢迎。

（三）理念方法融合

一些大学生思想政治教育工作者，常常感到处于被动局面，工作成效不高。其根本原因是教育观念偏于功利化，忽视人存在的意义和价值。指导思想上较多地考虑满足社会需要，忽视满足人的发展需要，受教育者的主体性容易被忽视：对大学生思想政治工作的特殊要求和特殊环境不能科学地解剖与分析。而是停留在一般认识和理解上，滋长了教条主义思想和形式主义：一些大学生心理健康教育工作者，也常常在工作中出现困惑，通过心理测试很正常的学生，却表现得极端自我、漠视他人和社会，反复引导没有改善。原因在于受港台和西方心理咨询观念的影响，过于强调教育过程中的"价值中立"，认为心理问题与人的价值观无关，其实每个人的行为背后都有着自身的价值体系，价值体系出现了偏差，仅仅纠正心理和行为不会取得根本效果。

大学生思想政治教育和心理健康教育在理念方面的相互借鉴，有助于提高二者的实效性。思想政治教育工作者应更新观念，充分尊重学生的主体地位，少一点说教和灌输，多一点心理健康教育的理念，为有效实施思想政治教育提供良好的心理背景。可以从心理健康教育中移植一些方法作为思想政治教育工作的新途径，来提高思想政治工作的成效。比如运用心理学的原理、方法和技术来改变学生的心理与行为，借助心理测验及其他测评工具来客观地了解学生个性的状况、长处、不足以及发展趋势，使思想政治教育更有针对性。也可以采用会谈、角色扮演、沟通分析等心理辅导中常用的方法，服务于思想政治教育，以减少思想工作的阻力，从而为学生接受教育、实现道德内化提供方法上的支持。另外，心理健康教育应依靠思想政治教育为引导方向，并借助思想政治教育实践，拓展自身的操作途径。心理健康教育要有思想政治教育的“视野”和“思想方法”，在心理健康教育实践中渗透正确的世界观、人生观和价值观，使学生心理的健康发展具有更坚实的基础。

第四节　提高心理咨询服务质量

学校心理咨询指教师运用心理学的原理与方法，对在校学生的学习、适应、发展、择业等问题给予直接或间接的指导、帮助，并对有关心理障碍或轻微精神疾病进行诊断、矫治的过程。学校心理咨询是当前学校对在校学生进行心理教育、引导的普遍方式和手段。

学校心理咨询的直接目标是提高全体学生的心理素质，最终目标是促进学生人格的健全发展。学校心理咨询是帮助学生开发自身潜能、促进其成长发展的自我教育活动；以积极的人的发展观为理念，以学生的成长、发展为中心，以“他助——互助——自助”为机制。学校心理咨询是以咨询心理学为主的多学科综合的教育方法与技术，它不是一种指示性的说教，是耐心细致的聆听和引导；不是一种替代，而是一种协助与服务。

一、大学生心理咨询的意义

1. 解决大学生心理问题，预防和治疗心理疾病是一个人生长、发展的重要阶段

就个体发展而言，大学生正处在青年期向成年期转变的过程中，个体正逐步走向成熟，走向独立，尚未真正成熟与独立。况且，这一时期的大学生人生观和世界观也尚未成熟，心理、情绪波动较大，面对生活、环境、人生、理想、现实等种种问题，许多大学生因为苦无良策或处理不当而陷入痛苦、焦虑、失望和困惑之中，有的甚至出现过激或异常的言行。心理问题和心理疾病已成为困扰大学生学习和生活的大问题，如果不能得到及时解决，就会严重影响大学生的人格成长和身体健康。

2. 提高大学生心理素质的重要手段

现在，国外许多企业在招聘职员时，要经过专门的心理测试，以选拔较有潜力的工作人员。运动员在参加重大体育比赛之前，要由心理医生对其进行特殊的训练，帮助他们消除紧张心理，树立战胜对手的信心。政治家为了在竞选中获胜，也请心理咨询专家帮助他们调整心理状态，树立良好的形象。由此可见，心理咨询除了治疗心理疾病以外，还有一个更为重要的作用，即能帮助人们提高心理素质，促进心理潜能的发挥。

大学生多半没有经历过大风大浪的磨炼，也没有遇到过挫折和打击，生活可谓一帆风顺。因此，他们的心理素质相对较低，挫折耐受性相对较差，对自身的认识和了解也相对较肤浅。作为高校心理咨询，不应仅限于解决心理问题、治疗心理疾病这一层面，而应主动地对大学生进行心理学、心理卫生和心理健康等有关知识的传授，加强对大学生的心理素质训练，使他们了解心理活动的一般规律和特点，懂得心理健康对成长的意义，更多地理解自我与他人、自我与社会的关系，学会运用心理学的方法进行自我调节，保持心理平衡、提高心理素质、增进心理健康。更多地了解自己适合干什么，能够干什么，哪儿是自己的最佳位置，如何促进个人潜能的发挥等等。只有这样，心理咨询才能发挥它应有的作用。

现代社会，人们越来越重视素质教育，对素质要求也越来越高。但是，由于过去我们只注重大学生身体素质、思想素质和智力素质的培养，忽视了他们心理素质的提高，这就像一只木桶，它容量的大小取决于木桶最低的那一块木板的长度，大学生个人的潜能能否充分发挥，关键在于心理素质的培养。因此，高校心理咨询更为重要的功能是帮助学生提高心理素质、挖掘心理潜能，以利于他们的能力得到充分发挥。

3. 新时期高校德育教育的新任务、新内容、新途径

大学生的心理问题很多时候是与思想问题交织在一起的。要从根本上解决这些心理问题，就必须接受科学的人生观、价值观和道德观的指导。从高校心理咨询工作者本身来看，咨询师的人生观、价值观和道德观也会对来访者起到示范和潜移默化的作用。心理咨询作为一门独立的学科，它在解决大学生心理问题，预防和治疗大学生心理疾病，优化大学生心理素质和挖掘大学生心理潜能等方面有着其他学科无法替代的作用。

二、大学生心理咨询的特点

大学生是一个特殊的社会群体，他们不同于中小学生与成人。在生活环境方面，绝大多数人是离开家庭和父母，从四面八方来到大学校园，集中居住在宿舍过着集体生活，在身心发育方面又正处在青春发育后期，各种心理矛盾冲突剧烈，是一个迅速走向成熟而又未真正成熟的发展阶段。因此，在接受心理教育和寻求心理咨询时也表现出与成人或中小

学生不同的心理倾向，大学生咨询主要有以下几种特点：

1. 有心理障碍时，可能自己认识不到，或即使知道也不寻求帮助

由于心理咨询工作在我国开展的时间并不长，多数学生对心理咨询的意义认识不太清晰，甚至产生错误的认识，觉得自己心理十分健康、没有疾病，不需要进行心理咨询。他们没有意识到心理障碍在每个人的身上都可能出现。不知道学习中的困扰，对考试的焦虑、人际关系不协调造成的烦恼以及青春期的躁动都是心理上的困惑，都可以通过心理咨询获得帮助与指导。因而，对校园中的心理咨询活动态度不积极，觉得心理咨询离自己十分遥远，参与感较弱。若咨询工作单纯采用个案咨询则可能来访者无几，收效甚微。

2. 希望获得他人的帮助，愿意与人沟通，但不知怎样面对咨询

由于大学生的社会交往需要较为强烈，所以很希望通过咨询活动与人沟通、解开心结。但又因其社会化过程尚未完成，实际交往能力受到很大限制，加之自尊心较强，不愿暴露隐私，故而不知怎样去进行咨询。如常有学生虽来到咨询室，谈话却闪烁其词，不知所云；不正面回答问话，顾左右而言他。咨询师若不能深入细致、步步引导、缩小心理距离，便很难了解他们真实的想法和咨询目的而导致访谈失败，不仅使咨询活动劳而无功，而且还会加剧学生心理上的孤独感。

3. 希望参加咨询活动却又难以承受群体压力和同伴讥笑

由于大学生生活在特定的集体环境之中，活动喜欢结伴而行。因此，其行为常带有明显的从众性。当整个社会以及他们所在群体对心理咨询认识尚不明确、看法尚有偏见时，有咨询需求的学生要前来咨询必须背负着一定的群体压力。诸如："你有精神病吗？为什么要去做心理咨询？""心理咨询是不正常的人才需要做的。"等等。这些议论形成一种氛围，常常会影响前来咨询的学生的心态和行为，使得希望参加咨询的学生顾虑重重，认为前来咨询是件不光彩的事，咨询就意味着承认自己不正常，所以既想参加又怕同伴知道讥笑。有的来访者行为隐蔽、躲躲闪闪；有的来访者希望咨询室设在较隐蔽的地方，谈话也常常有所保留。

4. 自身有一定调节能力，但更希望得到咨询师的帮助和指导

根据心理咨询的自助性原则，咨询应该是以启发、促进前来咨询的学生的自助能力，使其自己找到最佳的解决问题的方案和最优的发展之路为目的，一般不主张给他们以明确指示和结论。但大学生心理咨询却不一定如此。由于他们自身发展水平的限制，虽然已具备了一定的心理调节能力，但完全自助、完全靠自己的力量走出心理阴影还有一定距离。故而每一个来访者对与之交谈的咨询师抱有很大期望，谈话要求也十分具体。如果咨询师把握不好分寸，或没有达到他的要求、使他满意就可能使其对心理咨询产生看法，动摇其

对心理咨询的信心和信赖感。

在咨询过程中，要针对学生所处的环境特点、身心发育特点以及咨询心态特点寻求适当的咨询方式，才能使学生理解、接受，真正发挥其应有的作用。

四、目前大学生心理咨询的常见误区

（一）心理咨询师 = 救世主

一些来访者把心理咨询师当作“救世主”，将自己的所有心理包袱丢给咨询师，以为咨询师应该有能耐把它们一一解开，而自己无须思考、无须努力、无须承担责任。然而，心理咨询与心理咨询师只能起到引导、启发、支持、促进来访者改变行为和人格成长的作用。他无权把自己的价值观和愿望强加给来访者，更不能替来访者改变或做决定。真正的“救世主”只有一个，那就是自己。只有改变自己、战胜自己，最终才能超越自我，达到理想目标。

（二）心理咨询 = 思想工作

心理咨询作为医学中的一门学科，有着严谨的理论基础和诊疗程序，它与思想工作是有本质区别的。思想工作的目的是说服对方服从并遵循社会规范、道德标准及集体意志，而心理咨询则是运用专门的理论和技巧寻找心理障碍的症结，予以诊断治疗；咨询师持客观、中立的态度，而不是对来访者进行批评教育。另外，某些心理障碍同时具有神经生化改变的基础，需要结合药物治疗，这更是思想工作所不能取代的。

（三）心理问题 = 精神病

心理咨询在我国是一门起步较晚的新兴学科，它对人们来说有一种神秘感。来访者通常都是左顾右盼，鼓足了勇气才走进诊室，在医生的反复保证下，才肯倾吐愁苦；或是绕了很大圈子，才把真实的情绪暴露出来。因为在许多人眼里，咨询的人很可能有什么不正常或有精神病，要不就是有见不得人的隐私或道德品质方面有问题。此外，在中国人的传统观念中，表露出情感上的痛苦是软弱无能的表现，对男性来说尤其如此。以上种种原因，使得很多人宁愿饱受精神上的痛苦折磨，也不愿或不敢前来就诊。其实，心理问题与精神病是两个不同的概念。每个人在成长的不同阶段及生活工作的不同方面，都有可能遇到这样那样的问题，导致消极情绪。对这些问题如能采取适当的方法予以解释，问题就能顺利地解决；若不能及时加以正确处理，则会产生持续的不良影响，甚至导致心理障碍。因此，心理问题是日常生活中经常会遇到的。就这些问题求助于心理咨询并不意味着有什么不正常或有见不得人的隐私，相反，这表明了个体具有较高的生活目标，希望通过心理咨询更好地完善自我，而不是回避和否认问题，浑浑噩噩地虚度一生。

（四）心理学 = 窥视内心

许多来访者不愿或羞于吐露自己的心理活动，认为只要简单说几句，咨询师就应该猜出他心中的想法，要不就表明咨询师水准不高。其实心理咨询师也是人，他们没有什么特异功能窥见他人的内心世界，他们只是应用心理学的理论和方法，对来访者提供的信息进行讨论和分析。因此，来访者需详尽地提供有关情况，才能帮助咨访双方共同找到问题的症结，有利于咨询师做出正确的诊断并进行恰当的咨询。

（五）心理咨询 = 无所不能

一些来访者将心理咨询师视为“开锁匠”，期盼其能打开来访者自己所有的心结，所以常常求诊一两次，没有达到所希望的“豁然开朗”的心境，就大失所望。实际上，心理咨询是一个连续、艰难的改变过程。心理问题与来访者的个性及生活经历有关，就像一座冰山，堆积已久，没有强烈的求助、改变的动机，没有恒久的决心与抗衡，是难以冰消雪融的。所以，来访者需有打“持久战”的心理准备。

“心病还需心药医”，心理咨询是心理障碍预防和治疗的一种措施，是心理教育的重要组成部分。通过咨询员与来访者的持续而直接的接触，帮助咨询对象在认识、情感和态度方面有所改善，解决其在学习、工作、生活、疾病和康复等方面出现的心理问题，从而更好地适应环境，保持身心健康。学校有必要建立心理咨询机构，配备受过专业训练的心理咨询人员开展心理咨询活动。可以针对不同的来访者进行个别的咨询，也可以根据症状、表现的一致性开展团体咨询。实践证明，这是很有效果的一种心理教育方式，也是受到学生欢迎的一种方式。只有不断提高心理咨询服务的质量，才能进一步改善大学生心理健康教育。

第五节　建立健全学生心理健康档案

建立学生心理健康教育档案，是加强学校心理健康教育工作，实现教育现代化的前提条件和必要保障。它有助于确立具体的、有针对性的心理健康教育的目标、内容、方法与途径，有助于学校心理健康教育的诊断、分析、评估；它可以为学校心理健康教育工作提供操作指南，是学生的身心健康发展动态的监测手段，可以提高教师教育决策和科学研究的水平，可以为学校的宏观管理提供决策依据。学生心理健康教育档案的建立是一项具有科学性、专业性和技术性很强的工作。心理健康教育工作者只有在了解学生心理健康教育档案的含义和掌握其建立的原则、一般程序及使用与管理心理健康教育档案的原则的基础上，才能建立起科学的适用的心理健康教育档案，才能正确使用与管理好心理健康教育档案。

一、学生心理档案的概念

学生心理健康教育档案有广义和狭义之分。狭义的学生心理健康教育档案是指对个体心理发展变化特点、心理测验结果、学校心理咨询与辅导记录等材料的集中保存。这些资料按照一定的顺序排列，组成一个有内在联系的体系，如实反映学生的心理状态。它是学校为了更好地开展心理健康教育工作，为每个学生在心理健康方面建立起来的档案材料。而广义的学生心理健康教育档案还包括学校心理健康教育活动的有关资料。如学校心理健康教育的计划、课程开设、活动安排、教研活动、研究课题及成果、效果评估和管理工作等的记录。理解狭义的学生心理健康教育档案要把握以下几点：

1. 学生心理健康教育档案是专门的档案，是在学校心理辅导老师负责下建立起来的

学生心理健康档案应有专门的教师负责和有健全的管理制度。如果没有专业教师的参与，学生心理健康教育档案的建立可能会失去科学性、客观性、全面性和实用性。

2. 学生心理健康教育档案是有关学生心理变化特点及有关咨询、辅导的记录，而不是指学籍档案

学生的学业成绩、体能测试、教师对学生的操行评语、奖惩记录等都是学籍档案，它可公开让教师、家长及学生了解。而心理健康档案更具隐私性，主要是为心理健康教育工作服务，除经本人同意和特殊情况外，教师、家长甚至法律部门也不能随意查阅学生的心理健康教育档案。因此，对它的管理应更加严格和规范。

3. 学生心理健康教育档案是学生心理变化的真实记录

任何人不能依自己的观点去增加或删改档案的内容，应保持心理健康教育档案的原始性、真实性。

4. 学生心理健康档案建立的根本目的是更好地教育和培养学生，促进学生心理健康全面地发展。

二、建立学生心理档案的意义

学生心理健康档案既是学校心理健康教育工作开展的必要依据，又是学生接受心理健康教育后的原始记录。它将为我们进行心理科学的研究提供大量的、客观的第一手材料，对于学校教育科学化具有十分重要的意义。具体有以下几点：

1. 为学校的科学管理提供心理学依据

通过建立学生心理健康教育档案，能及时准确地掌握和了解全校学生的心理发展规律、

特点以及现状，从而为学校的科学管理提供心理学依据。通过心理健康教育档案所反映出来的学生兴趣爱好的信息可以为丰富课外活动、满足学生的正当心理需求提供决策依据；同时还能从整体上评价一所学校的教育水平，提供一套科学的评估系统等等。

2. 有助于完善教学工作，提高教学质量

要了解学生、分析学生、帮助和教育学生，就必须掌握学生心理发展的规律。建立学生档案可以帮助教师了解学生的个性，使教师在教育教学工作中有的放矢，减少盲目性，提高针对性，从而提高教学质量。学校教育工作缺少了心理素质的培养，则是不完整的教育。而建立学生心理档案，为心理健康教育提供了依据和信息。同时，建立学生心理档案也为教师了解学生缩短了周期，节约了时间，提高了工作效率。

3. 有助于开展学校心理健康教育工作

通过学生心理健康档案的建立，可以及时了解和发现学生心理发展状况，利于对学生心理问题做出正确的分析和诊断，从而采取有效措施进行心理辅导、心理咨询、心理治疗，有效地帮助学生，保证学校心理健康教育工作的正常开展。

4. 有助于提高教师的教育教学质量及科学研究的水平

学生心理健康教育档案的建立还有助于教师加强对学生心理的研究，提高科学研究的水平。心理健康教育档案自身具有很大的研究价值，主要表现在两个方面：一是为学校心理健康教育研究提供资料，二是为更广泛的教育科学研究提供资料。

三、建立学生心理档案的原则

1. 科学性原则

科学性原则即实事求是原则，是指在心理健康教育档案建立过程中要尊重学生的客观心理事实，要有科学严肃的态度。首先，在测评工具的选择上要有科学性。选择具有较高的信度和效度的标准化心理测验，而那些在科普刊物或一般杂志上登载的、没有信度和效度的测验是不能使用的。其次，施测时必须遵循严格的操作程序。最后，对建档过程中所获得的结果或信息，要实事求是地描述，要以科学慎重的态度来解释，并结合学生的现实表现进行分析归纳。

2. 系统性原则

系统性原则即整体性原则，系统地多方面地搜集学生的各种信息，对学生的心理状况进行全面检查和系统分析，以便从整体上把握学生的心理特征。由于学生对某一刺激的反映，要受时间、环境、主体状况等多种因素的影响和制约，因此在建立学生心理健康教育档案时必须坚持系统性原则。

3. 发展性原则

发展性原则即动态性原则，是指心理健康教育工作者要以发展变化的观点看待学生，以积极的态度指导和帮助学生，把心理健康教育档案建设成为一个动态的档案。随着学生心理的发展，原来所了解到的学生心理状况已不能准确地反映现时的心理特点，因此在建立学生心理健康教育档案过程中要坚持发展性原则。

4. 保密性原则

保密性原则是指心理健康教育工作者要对学生心理健康教育档案的内容做到绝对保密，不得随意将心理健康教育档案的内容告知他人，这是建档工作的道德性准则。这是由于心理健康教育档案中有些内容涉及学生（或家长）的个人隐私问题，有些带有心理暗示效应，有些涉及人际关系，有些是学生心理问题或心理障碍的记录，还有些一旦公开可能会伤害学生的自尊心等。

因此只要是学生不愿意公开的、不利于学生心理健康发展的和违反心理咨询工作原则的心理健康教育档案内容必须严格保密，不能给学校领导、老师、家长或其他人阅读或评价。当然，心理健康教育档案内容的保密也应有层次性，对有些心理健康教育档案的内容就没有必要作严格的保密，如学生的学习兴趣、学习动机和学习习惯等。

5. 教育性原则

教育性原则是指在建立心理健康教育档案时，要有利于提高学校的教育质量、教学水平和管理水平，有利于学生心理的健康发展，有效地为实现学校的教育目标服务。为此，应把建立心理健康教育档案看作是教书育人整个系统工作中的一个重要环节，要从教育和预防的角度去开展这项工作，不能用心理健康教育档案的材料给学生贴标签、戴帽子；要把提高学生素质、培养合格人才作为建立心理健康教育档案工作的出发点。

6. 经济性原则

经济性原则即最佳经济原则，是指在建立学生心理健康教育档案过程中，力求以最少的人力、物力、财力和时间，获得最好的效果。简言之，就是要以最小的投入建立起高质量的适用的心理健康教育档案。

四、学生心理档案的应用

1. 重诊治轻发展

目前大多数高等院校都存在重诊治、重障碍咨询、重事后处理，而轻心理预警、轻发展咨询的问题。在新生入学的第一学期，借由心理普查时进行资料的收集和心理健康档案的建立，但目的是为了筛选出部分有问题的学生，而对于大部分心理状态良好的学生，是缺乏后续跟踪记录的。这说明许多高校对于建立大学生心理健康档案的目的性都缺乏正确的认识，他们并未意识到建立心理健康档案是为大学生的健康成长进行服务的，是服务于全体大学生而不是少数问题学生，是帮助大学生不断提高自我认知、开发潜能，培养健全的人格和良好的个性心理特征，而不只是为了发现少数有心理问题的学生。

2. 知情同意权缺失

在心理健康档案的建立和管理过程当中，大部分高校都是强制安排了心理普查，进行心理档案资料的建立，并未提前解释或告知学生有关心理普查的相关内容及心理档案建立的意义，更未获得学生本人的认可。因此会导致大学生对心理健康档案管理的保密性原则缺乏了解和信任，担心档案的建立会影响到学校和教师对自己的评价，甚至担心自己隐私资料的泄露，从而产生抵触心理，或在普查的测试中，不能诚实地进行作答，存在掩饰现象，导致测试结果为无效问卷，缺乏参考价值。

3. 缺乏系统性

大学生心理健康档案的来源相对比较复杂，从结构上来看，既应有新生入学时的资料情况，也应有在校期间的相关动态信息；既要有心理普查时的相关数据信息，也要有心理老师、辅导员、任课老师、朋辈的描述性记录，以及学生对自我心理状态的评价、对未来的期望等。然而目前对这些材料的系统化收集做得还不够全面。另外，在心理普查进行资料建档的过程中，难以做到 100% 全员参与和 100% 的有效问卷，因此会造成部分学生心理健康档案的空白与缺失。

4. 缺乏动态性

大学生的心理发展是一个动态的过程，是随着大学生的身心发展而不断变化的，因此很有必要定期进行心理测试及后续的跟踪研究，不断丰富、更新心理健康档案，为大学生的心理成长轨迹提供资料和数据支撑。而当前高校在心理健康档案的动态更新上存在着严重不足，更新速度慢，资料搜集简单，缺乏完整性，不能及时发现大学生心理状态上的变化。

五、学生心理档案的管理

学生心理档案必须加强管理，才能更好地发挥作用。在学生心理档案管理的过程中，我们必须注意以下几点：

（1）应建立学校心理健康教育室，专门负责心理健康教育档案的建立、使用和管理工作。

（2）应建立和健全学生心理健康教育档案的管理制度，明确心理健康教育工作者的职责。心理健康教育工作者不能将学生的心理健康档案随意外借。

（3）应建立学生心理健康教育档案计算机管理系统，提高心理健康教育档案的现代化管理水平。

使用计算机来处理心理健康教育档案材料，建立学生心理健康教育档案管理系统，实现心理健康教育档案管理的信息化，不仅可以提高工作效率，而且能够保证资料管理和分析的规范与准确，减少失误与差错，还可以从多种角度迅速得到相关资料，为心理健康教育工作提供有价值的信息。

第六章　心理健康教育方法研究

随着改革开放的深入发展，外来思想对中国青少年特别是“90后”“00后”的青少年影响逐步加大，各种思潮对青年的影响最直接的表现就是学生的个体化发展。个性化发展的结果导致青年学生的管理出现这样那样的问题，那么如何管理个性化发展的青年学生，是管理工作者面临的一个难题。学生个性化的表现越来越突出，表现在：

第一，个体内的差异。个体内的差异是指个人素质结构上的差异，主要包括个人的思维习惯、价值取向及生活模式三个方面的差异。（1）思维习惯的变化。近年来，中国的青少年学生在个人的思维习惯、思维层次以及思维形式等方面都发生了很大的变化。首先从思维习惯来看，中国传统上的思维惯例是从大局、宏观的角度出发来进行思考，所以一般情况是“先天下之忧而忧，后天下之乐而乐”。当代青年学生的思维习惯一般是强调以自我为中心，从自我的角度出发考虑问题，以“我”代替“我们”；其次是从思维层次来看，随着学生个性的发展，学生不再满足“人云亦云”，不再相信权威，不再满足“是什么”，而是要求学生不仅要知道“然”，还要知道其“所以然”，思维层次进一步深化；再次从思维形式来看，由于现代青年学生不再迷信权威，强调个人的发展，因此，其在思维形式上更加趋于开放，主要体现在当代青少年学生不故步自封，敢于挑战权威，敢于自我否定，敢于进一步发展自己。（2）价值取向的变化。当代青年学生在个性化思想的影响下，其价值取向不可避免地发生变化，个体自由与发展成为人生主要目标。这种变化既有积极的一面，也有消极的一面。积极的一面是可以进一步促进当代青年学生的发展；消极的一面主要表现在个人与社会、个人与集体关系的处理上，过分注重个性的发展，易于割裂个人与社会的关系，片面强调个性的自由发展与发展。若是个人对社会硬来，不顾社会发展规律和社会对个人的制约作用，会使得一些青年学生在追求个性发展过程中，歪曲个人与社会的关系，破坏了个人与社会的和谐统一。（3）生活方式的变化。追求个性已成为当代青年学生生活中一道亮丽的风景线。小到吃穿住用，大到人际交往，无不体现着青年学生个性的张扬。生活消费上，更加注重个人的判断和偏好，普遍追求新颖、时尚、富有个性的商品。在人际交往上更加开放，内心深处渴望与人交流，渴望得到别人的认同，但个性的张扬往往与集体相冲突，在集体的约束下，他们往往易于封闭自我，造成集体组织松散，成员关系疏远。

第二，个体间的差异。（1）学生基本功的差异。如有的学生上课时思维敏捷；有的学生擅长形象的直观记忆；有的学生则擅长抽象的语言记忆；有的学生接受能力明显好于其他同学；有的参加过校内外各种活动的培训；有的甚至参加过竞赛活动，从而导致他们在学习上反映出不同的情况。这就产生了学生间的差异。（2）学习兴趣的差异。有的学生学习兴趣浓厚，爱好广泛，求知欲强，有扎实的基础知识，学习成绩稳定；有的学生智力因素虽好，但缺乏刻苦精神，学习兴趣有偏差，成绩不稳定，有潜力可挖；有的学生智力或非智力因素相对差些，学习非常用功，但成绩不理想。对学习感兴趣的学生学习起来就会事半功倍。

有鉴于此，从心理健康教育的角度出发，研究健康教育的方法与机制就显得十分重要。

第一节　构建心理危机干预系统

20 世纪 90 年代末，世界卫生组织专家指出：从现在到 21 世纪中叶，没有任何一种灾难能像心理危机那样给人们带来持续而深刻的痛苦。人类已从“传染疾病时代”“躯体疾病时代”步入了“精神疾病时代”。伴随着高等教育的飞速发展，越来越多的青年有机会进入大学，接受高等教育。大学生要学会承受理想与现实的冲突，要面对来自就业、生活的压力，迎接机遇与挑战。

近年来多起大学生自杀或杀人、伤人等恶性事件，如马加爵、刘海洋等名字，都与校园危机紧密联系起来，也反映出关注大学生心理危机的重要性。体现了大学生在心理健康方面尚处于起步阶段，大部分大学生尚未建立心理危机干预系统和机制。因此，根据心理危机理论，探讨大学生心理危机的特点，构建大学生心理危机干预系统，对于积极减轻大学生心理压力，提高学生自身心理素质，构建和谐校园具有非常重要的意义。

一、心理危机和危机干预的概念

心理危机是当个体面临突然或重大生活遭遇（如亲人死亡、婚姻破裂或天灾人祸等）所出现的心理失衡状态。马湘培（2003）认为，心理危机是指某种心理上的严重困境，当事人遭遇超过其承受能力的紧张刺激而陷于极度焦虑、抑郁、失去控制、不能自拔的状况。由于情况紧急，既往惯用的应付方法失效，内心的稳定和平衡被打破，常常容易导致灾难性的后果。因此，确定心理危机须具备下列三个条件：出现较大心理压力的生活事件；出现一些不适感觉，但尚未达到精神病程度，不符合任何精神病诊断；依靠个体自身能力无法应付困境。

危机干预，又称为危机介入、危机管理或危机调解。我国学者季建林（1944）认为，危机干预是一种通过调动处于危机之中个体的自身潜能，来重建或恢复危机爆发前的心理平衡的心理咨询和治疗技术。马湘培（2003）认为，危机干预是提供紧急支援（社会支持），帮助当事人渡过难关，重建心理平衡与获得健康。危机干预不同于一般的心理咨询和治疗，是一种特殊的心理咨询服务，一种在紧急情况下的短程心理治疗。

心理危机干预的理想目标是增强个体抵御危机的能力，培养健全的心理机能，促进其成长和发展。与普通心理咨询相比，突出的特点是帮助的及时性、迅速性，其有效的行动是立见成败的关键。

二、高职学生心理危机类型

应用危机理论，把危机分为发展性危机、境遇性危机、生存性危机。发展性危机是指正常成长过程中，急剧的变化或转变所导致的异常反应。境遇性危机是指出现罕见或超常事件，且无法预测和控制时出现的危机，具有随机性、突然性、震撼性、强烈性、灾难性和不可预见性。而生存性危机是指存在性危机，伴随着重要的人生问题，如关于人生目的、责任、独立性、自由和承诺等出现的内部冲突和焦虑。

心理危机的产生是应激源和个体易感性共同作用的结果。学生个体所出现的内外环境是不断地变化的，而学生个体也在不断地进行自我调整的时期。在学习和生活中，他们总是会面临一些无法应对的情境：如家庭矛盾、经济压力、恋爱或失恋、人际关系困难、竞争失利等，这些事件都有可能成为诱发他们心理不平衡的应激源。对于一些同学而言，由于受到个人人格特质、生活经验、家庭教育方式等的影响，一些在其他人看来很小的事件，就有可能使他们陷入心理危机。高职学生的心理危机主要是指在学习生活期间出现的中至重度抑郁、严重焦虑、极度冲动行为、吸毒、酗酒、自伤或自杀、突发精神疾病，以及遭遇罕见或超常事件（如突发重大疾病、家庭内的重大变故等）且无法预测和控制时出现的心理危机状态。

三、积极构建大学生心理危机干预体系

目前，对大学生心理危机干预的主要工作有：建立大学生心理咨询中心，开通心理危机干预热线进行实践干预，建立一定的心理危机预防、干预、反应机制等。建立大学生心理危机干预体系，包括设置心理危机干预机构，建立心理危机干预制度等。其中首要的任

务是要设立危机干预中心，明确各部门的职责和任务，形成一套完善的运行机制。其次是要完善制度建设，如建立学生心理健康普查制度、心理咨询值班及管理制度、学生心理健康汇报制度、心理危机干预制度。

（一）建立大学生心理危机干预中心

心理危机干预中心的两大职能是预防和干预，大学生的心理危机工作要立足教育，重在预防。为了使心理危机干预工作顺利开展，首先大学生应该成立学生心理危机干预工作领导小组，获得政策支持和制度保障。同时设立学院心理危机干预中心，在心理危机干预工作领导小组的指导下，统筹学院各方面的资源，协调各部门，总体规划学院的心理危机干预工作，制订心理危机干预的方案、细则。在各系、部设立心理危机干预小组，将心理危机预警系统向系、部、班级延伸。

第一，开展心理健康状况普查工作，建立在校生心理健康档案。密切关注学生的心理发展，对心理危机的高危人群做出及时评估、诊断和预警，建立干预对象档案库，并定期追踪观察，做到及时发现，及时指导，及时帮助。

第二，要促进心理危机自救知识在学生中的普及和推广。通过开展心理危机专题，使学生对于危机的含义、特征和症状表现有一个基本的了解，掌握一定的危机救助技巧，树立积极的求助与助人意识。

第三，开展多种形式的心理咨询。除了进行常规的面对面心理咨询之外，借助电话咨询，开设危机求助热线以及开展网络咨询等，既可以不暴露自己，又可以充分敞开心扉，能有效地帮助学生化解心理危机。

第四，要及时为危机事件的当事人和所涉及的学生提供心理危机援助，必要时进行转诊。并做好心理危机当事人的跟踪援助工作，帮助当事人解决危机，恢复心理功能和心态平衡，重新掌握应变能力。

（二）加强心理危机干预队伍专业化建设

心理危机干预不同于一般的帮助，它具有医学、心理、社会的复合性，没有相关的专业知识和技能是难以胜任该项工作的。大学生要成立心理危机干预队伍，从保卫部门、校医院、学工处、心理健康教育及心理咨询中心选拔人员，并对其开展危机干预知识和技能技巧的培训。要加强对大学生危机干预，要增强他们的职业素质和道德素质，做到诚实、当事人利益至上、为当事人保密、满足当事人的知情选择权。要培养他们的自我反省能力，危机干预教师要了解自己的创伤，以及这些创伤对自己潜在的影响等。同时，危机干预教师要有镇定的心态和充沛的精力，要能真诚、热情地帮助当事人，并始终如一。要学会自我情绪的调整，保持良好的精神状态。大学生心理干预必须走专业化道路，坚持高起点原则，才能逐步提高危机干预的能力和水平。同时，应加强同精神专科医院、社会危机干预机构的联系与合作。

（三）建立危机干预动态预警机制

建立学生心理危机预警机制，是引导学生正确认识心理危机、理性处理心理危机、适时把握转机、获得良好发展的重要措施。为了及时了解预警对象的情况，可在每班设一名“心理委员”，即班级心理健康联络员，他们是心理危机干预队伍的重要组成部分。以“班级心理委员”为基础创建心理危机干预动态预警机制，是完善心理危机预警系统的重要举措。

心理委员负责心理健康信息的上传下达，重点关注本班的危机个体。要发挥心理委员的预警作用，首先要做好班级心理委员的培训工作。要建立预警信息动态的评估制度，保证当预警对象出现危机状态时，根据学生心理危机的评定参考标准，评价其危机的严重程度，确定是否进行上报，从而采取及时有效的措施。

（四）建立心理危机处理机制

一旦发生突发性危机事件，危机处理系统的运行状况就直接关系到当事人的生命。大学生心理危机大多发生在学校，一旦学生发生心理危机，危机干预人员就要根据预案迅速行动，采取挽救措施，同时上报危机干预领导小组，并通知家长共同处理。如果心理危机进一步恶化，已超过学校和家长所能解决的范围，学校和家长需要当机立断，迅速求助社会，请求专业心理治疗机构介入。

首先，要对渡过心理危机的学生继续进行危机援助。要给予学生心理上的支持和学习、生活上的关怀，使学生真正从危机事件中恢复过来，过正常健康的生活。如果危机没有得到恰当处理，即使当事人把它压制在意识之外，它也会在当事人的生活中反复出现，对当事人有潜在而巨大的影响，一旦发生新的刺激或事件，就会把个人带回到危机状态之中。

其次，对于目睹危机事件的学生，由于他们参与或目睹了危机事件，或者是与危机事件当事人关系密切的同学、朋友等，危机事件也会对他们的学习和生活产生极大的影响。但在实际工作中，由于种种原因，人们往往忽视了这些同学的心理危机，使他们难以得到关注和帮助。如自杀学生的室友，他们会对自杀同学的行为感到惊讶、困惑、后悔或自责，甚至恐惧，这些情绪都会极大地影响他们的学习和生活，因此，对他们进行危机干预也是非常必要的。危机干预不仅要帮助他们接受这个事件，而且可以通过危机后干预使他们帮助其他人。

（五）加强对大学生的心理素质教育

随着社会经济的发展，学校的教育需要从注重培养学生技能发展转变到注重学生的全面健康发展上来。需要将学生的心理素质、身体素质、科学文化素质、职业素质等多种素质发展相结合，转变思路，促进学生人格的全面健康发展。在学生工作方面，尤其需要从过去单纯的管理转向支持、引导，促进学生自我管理，按照“学会学习、学会思考、学会生活”的目标塑造符合社会和文化发展的新型高技能型人才。

在教育教学过程中渗透对学生积极品质和人格的培养。构建尊重学生、理解学生、关心学生的和谐育人氛围，促进学生实现自我心态调整、自我行为约束、自我管理教育的环境。加大对学生心理健康教育的力度和广度，积极拓展主渠道，积极发展心理素质拓展活动和心理健康文化宣传活动，积极营造有利于学生健康成长的校园文化环境，拓展学生心理素质教育的空间，使学生的心理、才智、品性、技能等得到协调发展。

（六）培养大学生自我应对危机的能力

心理危机的干预机制与自我认识有着密切的关系，如果一个人能够建立正确的自我认知，很多心理危机就会迎刃而解。心理危机是个人成长的伴生物，人的成长就是在心理危机中一次次的自我突破与自我提升，是一次次超越挫折与失败的阻碍而达到自我发展与成长的过程，更是一步步深入认识自我、完善自我的过程。因此，正确认识心理危机，以心理危机为契机，就可能在心理危机干预过程中实现自我成长。

心理危机干预在干预之外，要重在预防，要通过各种方法和手段提高学生对于心理危机的抵抗能力。向学生宣传普及心理健康知识，使其了解自身，了解心理健康对成长、成才的重要意义，树立心理健康意识；介绍增进心理健康的途径，使学生掌握科学、有效的学习方法，养成良好的学习习惯，积极开发自身潜能，培养创新精神和实践能力；传授心理调适的方法，使学生学会自我心理调适，有效消除心理困惑，自觉培养坚韧不拔的意志和艰苦奋斗的精神，提高承受和应对挫折的能力；解析心理异常现象，使学生了解常见心理问题产生的原因及主要表现，以科学的态度应对各种心理问题，提高应对心理危机的能力。

第二节　构建测评系统

采用合作学习的方法对学生心理健康的能力进行研究，从而得出相关的测评结论。辽宁经济管理干部学院在体育教学中采用了合作学习教学方法，对学生心理健康研究取得了重要成果，转摘如下：

一、研究的基本内容和方法

（一）研究内容

研究是以体育教学为载体，以合作学习教学法为手段，发展大学生的心理健康能力，包括认知能力、情绪调控能力、人际交往能力、意志与抗挫折能力、环境适应能力、行为规范能力、优化个性能力等。

（二）研究对象

辽宁经济职业技术学院 2007 级体育选项健美操课学生。

（三）研究方法

1. 问卷调查法

研究工具采用编制心理健康能力问卷，分为认知、个性、情绪、交往与责任、挫折五个方面。经有关专家认定，该问卷能较全面地反映大学生心理健康能力，经过信度和效度的检验，可以作为本课题的研究工具。

2. 文献资料法

查阅相关研究的文献书籍 10 部，相关杂志文献 20 余篇，并进行了相关资料的网上查询，以此吸取前人的研究经验，作为理论基础。

3. 访谈法

请教相关专家对研究方案设计进行可行性论证，在实验中访问相关学生的辅导员、任课教师、学生社团负责人，了解研究对象心理健康的变化情况。

4. 数据统计法

对取得的数据进行处理。

5. 实验法

将研究对象的 70 名学生分为实验班 35 人，对照班 35 人，两个班的教学内容和教学时数相同，对照班采用常规教学，实验班采用合作学习教学法和相应的评价方法进行教学。问卷填表前给被测者统一的指导语，要求独立并真实填写，实验前后共发放问卷 70 份，回收率为 100%，用测量——再测量的方法进行信度检验。

6. 比较法

通过实验班与对照班的比较，鉴别其差别的显著性。

（四）实验时间

2008 年 10 月至 2009 年 1 月，进行 15 周教学，每周 2 学时。

二、实验过程和结果分析

（一）实验过程

1. 基本技术教学

课前采用强弱异质化的分组原理，根据学生上学期体育成绩，前后搭配不断向中间过渡的分组形式。将学生分为 3~4 人一组，初步学习时在组内结对，当同一小组两对都能完成动作后，他们就加入整个小组的互动中，在小组的互动中提出新的目标，共同完成。

2. 基本技能教学

将学生分为 4~6 人（异质化）一组，给学生承担领导者以及其他角色的机会。如由学生轮流担任见习教师、体委、小组长等角色，教育学生互相支撑、积极配合，在教学中安排一定的小组讨论和互动的时间。让学生在讨论中对健美操技术和理论有更深的理解。在教学中，教师要抓住时机，合理、适宜地进行心理健康教育。

3. 能力展示教学

通过小组间的表演比赛，培养学生的合作与竞争意识，并能正确认识胜利和失败，把握好自己的心态。在比赛时，将学生有目的地进行分组和角色分配。如教练员、队员、队长、裁判员等角色分配，通过角色的互换，使每个学生认识到每个角色的重要性，从而建立互相信任，改善人际关系，学会尊重自己和尊重他人，同时也能表现自我，体现自身的价值。

4. 实验班成绩评价方法

实验班成绩评价由学生自我评价、学生相互评价、教师评价三部分组成，评价内容分为体能、专项知识与技能、学习态度、情意表现与合作精神、健康行为、体育道德规范等。在评价时要兼顾学生的学习过程和学习终端。

（二）结果与分析

1. 实验结果

实验班的学生在认知、个性、情绪、交往、挫折方面的能力明显高于对照班，除挫折外，其他能力具有显著的差距，在认知和个性上实验班学生情绪调控能力、交往、责任方面与对照班相比，有非常显著的变化；健美操合作教学法对大学生心理健康能力产生了有效影响。

2. 分析

（1）认知方面：认知是指大学生的认识过程，是刺激和反应的终结，认知是否合理，直接影响人的心理健康。心理专家认为，人的大部分情绪困扰和心理问题都来源于对环境、对他人、对自己认知的不科学和不合理。因此，培养人的认知能力是重要的。本研究的实验班，体育教学运用合作学习教学法为培养认知能力提供了具体情境，大学生在合作学习中做出直接的反应，使他们在健美操集体活动中因感悟、比较而做出积极、合理的选择，保持健康的心态，防止认知上的偏差。而对照班采用传统教学法，健美操教学本身又不是集体配合项目，学生在自我练习中，认知能力虽然有提高，但不显著。

（2）个性方面：心理学家马斯洛认为："人的个性发展最完善、最高级的形式，就是健康的个性。"研究个性，离不开活动，体育教学是人的行为活动，合作学习这种富有创造性的体育教学对学生个性发展起着积极的促进作用。在合作学习中，无论是小组学习还是组间表演比赛，每个人的思维活动与机体活动紧密结合，他们的个性充分地显示出来，并得到充分的发展。在合作学习中，不同的分工产生不同的角色，使个性有选择活动的作用，运动又在改造着个性，尤其是对人的性格、意志、情感等心理特征起着积极的作用。同时，团体的取胜，学生可以从中尝到成功的喜悦和得到尊重的心理满足，从而证明自己的能力，增强了自信和自尊，使个性得到合理的调整和发展。

（3）情绪情感方面：积极的情感教育能促进学生身心健康发展。有关研究证明：在环境引起的各种心理刺激下，人首先产生各种形式的情绪情感反应，如焦虑、悲伤、愤怒等。在体育教学中，帮助学生消除消极的情绪情感，形成积极的情绪情感，对培养心理健康能力非常重要。在合作学习中，许多大学生在练习的过程中经常面带微笑，心情愉快，而且学习气氛非常轻松愉快，在交流中也体验到学习的快乐，情绪高涨，使他们的心理积极向上。同时，在教师的引导下，学生学会控制情绪、创造良好的心境和提高应激能力及培养高尚的情操。本实验中，实验班学生健康情感和情绪调控能力与对照班相比，具有非常显著的变化。

（4）交往、责任方面：合作学习强调小组学习目标和个人的责任，成员都会为共同的目标齐心协力、共同努力、共同进步。合作学习增强交往的主动性和积极性，能很好地协调人际关系。在合作学习中，学生正确了解人际交往中的种种偏见，能正确了解同学和评价同学，从而提高自己的个性修养，学会在交往中调试自己的心理反应，使同学之间的关系更加协调、融洽。另外，这种学习方式是团体心理治疗的认知疗法和行为疗法在体育教学中的运用，它有效地预防心理障碍。实验结果表明：实验班交往能力的提高，与对照班相比差异非常显著。

（5）挫折方面：通过体育教学竞赛使大学生承受挫折与失败的能力增强。体育竞赛有着严格的纪律与规则要求，这有利于培养大学生的纪律性、公平竞争、创新意识以及团结与开拓进取的精神。竞赛时的运动强度和节奏对人的心理施以一定的影响，使人的神经系统兴奋点发生转移，因而可以缓解心理的紧张状态，消除身心上的疲劳和消极的心理导向，为积聚的各种消极情绪提供一个公开的、合理化的发泄口，达到心理平衡。所以说体育竞赛也是预防和治疗忧郁焦虑等心理障碍的有效手段之一。

三、结论与建议

（一）大学生心理健康教育不仅应注重知识的掌握，更应注重能力的培养。建议教育者从不同的途径培养大学生的心理健康能力。

（二）符合心理发展的体育教学方法，能加强大学生对身心健康知识的掌握和能力的提高。

（三）合作学习教学法能有效地提高大学生认知能力和情感调控能力，培养大学生积极进取的人格精神和坚强的意志，使大学生学会沟通、交流、协作，在学习中建立积极的、相互支持的同伴关系，提高大学生的竞争意识、适应各种环境和应变能力及抗挫折能力，使大学生明白责任和义务，从而有助于学会关心集体、尊重他人、团结友爱、遵纪守法。

（四）符合心理发展的体育教学方法和相适应的评价方法相结合，更有利于心理健康能力的提高。

（五）教学有法，法无定法。建议教师结合具体实际，有效地应用适合心理发展的教法，并进行优化组合。

第三节　进行亲和力心理学实验

个体的认知、情绪情感和意志是过程的形式存在，它们都要经历发生、发展和结束的不同阶段。对于认知系统尚不完善，情绪情感体验丰富，意志相对薄弱的学生来讲，校园文化能有效地改善学生认知结构，调节情绪，激发积极情感，磨炼意志。对于学生形成正确的职业观影响甚大，成功人士的个案分析，典型示范，能有效激发学生的成就动机、成才意识。学校设置的实践体验课程，对于磨炼学生意志，培养他们吃苦耐劳、敬业奉献的高尚情操有重要的作用。很多研究也已表明，这种环境的影响功能是巨大的。学生在特定的文化氛围中，通过感知不同思想理念，丰富与改善个体已有的经验，在参与不同文化活动的过程中，体验着不同的情感，同时，有利于培养意志力。目前个别学校有针对性地开展挫折教育，这种教育氛围对培养学生耐挫力，磨炼意志影响很大。由此可见，校园文化对学生的心理建设具有重要影响。

个性是创造的源泉。尊重学生个性，创设安全、自由、和谐的环境氛围，是学生个性发展的外在条件保障。使学生保持良好的心理状态，就必须让学生感到“心理安全”和“心理自由”，使学生认同这种尊重个性的环境，产生安全感，满足归属需求，没有任何戒备心理，不必为自己新奇的想法和做法而担心，能够比较自由地思考，如果学生产生了心理压力，失去了心理的安全感，就会失去信心，甚至产生焦虑不安的情绪情感体验。因此，相互尊重，创造和谐的心理环境，保持密切的师生关系，使学生心情舒畅，保持良好的心理状态非常重要。理想精神的浸润，师生之间的交流，优美校园风光和人性化的管理等都是学生张扬个性，创设和谐的心理环境，满足学生尊重与自我实现的心理需求，才能促进学生的成长成才。有鉴于此，心理健康教育可以采用亲和力心理学实验的办法，以便提高效率。

一、在尊重学生前提下，接受学生的本来自我

和谐的师生关系是开展一切教育活动的基础。缺少这一基础，教育活动就无法深入进行，更无法取得预期的效果。按照罗杰斯的理论，建立和谐的师生关系的原则是尊重、真实、接受和理解。

（一）尊重学生

按照马斯洛的观点，尊重是人类较高层次的需求，每个人都有获得别人尊重的需要，尊重需要的满足可以促进人的自我实现，不断提升自己。尊重学生，就是尊重学生的人格，充分认识到他们的独立性；就是尊重学生的创新意识、创新思维，不要打击、挖苦学生的一些新奇的想法，帮其分析其中的可行性，助其实施；就是尊重学生的隐私，没有得到学生的同意，老师没有权利将其传播出去。

（二）信任学生

要信任学生，如果拿怀疑的眼光去看待他们，久而久之他们就会经常欺骗我们。当我们认为每个学生都是值得信任的，放手让他们去做一些事情，我们就会发现，学生并不像我们想象的那么不成熟，他们拥有很大的潜力，无论是学习、工作还是生活都能有意想不到的思想和行为产生。只要让他感觉到你对他的信任，他也会干出几件值得称赞的事情来。信任是对学生最好的尊重。

（三）接受学生

任何事物都有两面，世界上任何人、事、物都不会十全十美。我们的学生也是如此，要允许学生有缺点、犯错误。要是学生都是完美的，那就没有教育者存在的必要了。不要去苛求任何人，不要因为学生表现出的一个小小的缺点，就剥夺他享受你的爱的权利。爱一个人的缺点，找到这个缺点的成因，然后对症下药，这也就是我们经常说的因材施教。

（四）理解学生

良好的师生关系的建立，需要教师与学生经常沟通，学会倾听学生的心声，获取第一手真实、可靠的信息。这样才能对学生的行为做出准确的判断，分清思想问题与心理问题，找准问题的根源，进而采用相应的教育手段进行干预和引导。在实际工作中，教师通过一些简单的团体活动，既可以建立融洽的师生关系，增进师生间的彼此信任和了解，又可以培养学生与人沟通的能力。这些活动的内容是：猜猜我是谁、信任考验和聆听技巧训练等。

二、激发学生自我意识

自我意识是一个人对自己的认识和评价，包括对自己心理倾向、个性心理特征和心理过程的认识与评价。人由于具有自我意识，因而能对自己的思想和行为进行自我控制和调节，使自己形成完整的个性。自我意识影响着人的道德判断和个性的形成，尤其对个性倾向性的形成更为重要。在学习活动中，这种自我意识、自我监督、自我检查、自我调节和自我修正的认知实质上是一种反馈活动，它对个体的学习提高有着重要的意义。在思想政治教育中使用心理学的方法，目的就是要激发学生的这种自我意识，促使其不断地自我发展、自我完善。具体来讲，可以使用以下方法：

（一）让学生知道我是谁

“人贵有自知之明”，全面而正确的自我认知是培养健全的自我意识的基础。自我认知是从多方位建立的，既有自己的认识与评价，又有他人的评价。我们可以通过一些活动帮助学生正确地认识自己。对自己的评价与认识可以通过“20个我是谁”、自我分析报告、乔韩窗口理论等活动进行，引导学生关注自己、剖析自己。在此基础上，让他们再进一步思考，他观自我的描述，即自己认为别人是怎么看待自己、评价自己的，通过“人际关系中的自我”的活动促进自己更加全面地认识自我。活动具体操作如下：

1. 20 个我是谁

目的：认识并接纳自我，认识并接纳独特的他人；

时间：约 50 分钟；

准备：1 张白纸，1 支铅笔；

操作：指导者可以先找出一个成员示范。

连续让他回答“我是谁”，当他说出一些众所周知的特征时，如“我是男人”，知道者告诉大家，这种回答不反映个人特征，应尽量选择一些能反映个人风格的语句，然后指导者让大家开始边思考边回答“我是谁”这个问题，至少写出 20 个。当指导者看到最后一位放下笔时，请团体成员在小组（5~6 人）内交流。任何人都抱着理解他人的心情，去认识团体内一个个独特的人。最后指导者请每个小组代表发言，交流活动的感受。

2. 乔韩窗口理论

美国心理学家约翰和哈里提出关于人自我认识的窗口理论，别称为乔韩窗口理论。他们认为人对自己的认识是一个不断探索的过程，因为每个人的自我都有四部分：公开的自我、盲目的自我、秘密的自我和未知的自我。我们教育者就是要创造机会和条件让学生自我开放、扩大公开，通过他人的反馈，减少盲目的自我，以便了解自己的另外一面，即自己不察觉，同时不易被自己接纳的一面。而心理咨询中的团体咨询正好提供了这个机会，使成员在轻松愉快的氛围中，毫不伪装地、真诚地表现自己，同时获得真诚的反馈，更全面、更深刻地认识自己。

3. 人际关系中的我

目的：促进成员全面认识自我；

时间：约 60 分钟；

准备：每人 1 张表（表 6-1），1 支铅笔；

操作：每人发一张表，自己思考后填写。

填完大家一起交流，填写的过程反映出不同的心态，有些人再一次肯定积极的自我，但有些人却表达一些长期压抑的感受。指导者要特别注意：成员对哪一个人的看法最重视？为什么？最难填写的是什么？为什么有人填不出来？成员填的内容最多的是正面的还是负面的？然后引导成员去探索。这个活动可以从多角度来认识自我，有助于成员全面认识自己。同时，也可以在他人的鼓励下做深入的自我探索。

表 6–1　人际关系中的自我调查表

父亲眼中的我	兄弟姐妹眼中的我	朋友眼中的我（老师）	自己眼中的我
母亲眼中的我	同学眼中的我	恋人眼中的我	自己理想中的我

（二）让学生明白我就是我

一个人只有在正确的自我认知基础上，正确地悦纳自我，才能达到有效的自我控制。因此，自我悦纳是自我意识健康发展的关键所在。悦纳自我首先要接纳自己、喜欢自己、欣赏自己、体会自我的独特性，在此基础上体验价值感、幸福感、愉快感与满足感；其次是理智与客观地对待自己的长处与不足，冷静地看待得与失。教育者的任务就是帮助学生发现自己的闪光点，并发扬这些闪光点。

1. 让学生明白每个人的生命都是有价值的

比如，老师手里高举着一张钞票，面对教室里的学生，问："谁要这 20 元？"（有人举手后）接着说："我打算把这张钞票送给你们中的一位，但在这之前，请准许我做一件事。"老师将钞票揉成一团，然后问："谁还要？"（有人举手后）又说："那么，假如我这样做又会怎么样呢？"把钞票扔到地上，又踏上一只脚，并且用脚踝它，然后拾起钞票，钞票变得又脏又皱。"现在谁还要？""同学们，你们已经上了一堂很有意义的课。无论我如何对待那张钞票，你们还是想要它，因为它并没有贬值，它依旧是它的面值所赋予它的价值。同样，人生路上，我们也会无数次被自己的决定或碰到的逆境击倒、欺凌甚至踝得粉身碎骨。我们会觉得自己似乎一文不值、一无是处。但无论发生什么，或将要发生什么，我们永远不会丧失价值。在某些人看来，肮脏或洁净，衣着整齐或不整齐，我们依然是无价之宝。"就像卡耐基曾经描述过的一段话一样，要通过这个活动告诉学生，生命的价值不依赖我们的所作所为，也不仰仗我们接受的任务，而是取决于我们本身！我们是独特的——永远不要忘记这一点！

2. 引导学生发现自己的优点并欣赏它

对于学生，尤其是那些自卑的学生进行教育的关键是让其发现并学会欣赏自己的优点。很多自卑的学生之所以自卑是因为他们的比较对象出了问题，他们总是用自己的缺点和别人的优点去比，用自己的短处和别人的长处去比较，却从来不知道自己也有优点，也有长处，那就更谈不上接纳并欣赏自己了。因此，针对这种情况，要通过一些教育辅导活动，让学生发现自己的优点与长处，从而发挥自身的潜力，取得更大的进步。

方法一：自我表扬。让每个学生回忆一下自记事以来自己做得最成功的三件事，并分析一下为什么认为这三件事最成功，对他们的记忆最深刻。从而协助学生找出自己最在乎的东西，以及自己的能力所及，明白自己有成功，也会有失败。

方法二：优点轰炸。团体成员围坐在一起，请一位成员坐在或站在团体中央，其他人轮流说出他的优点即欣赏之处（如性格、相貌、处事方式等）。然后被称赞的成员说出哪些优点是自己以前觉察的，哪些是不知道的。规则是必须说优点，态度要真诚。这样既可以从不同角度帮助学生发现自身的优点，促进学生的自我接纳，又可以让学生学会发现他人的长处，增加相互接纳性。

（三）让学生关注自我成长

自我的发展需要不断地自我反思、自我监控。但将成长作为一条线索贯穿于人的始终时，整理自己成长的轨迹显得尤为重要，依照过去、现在、未来进行梳理，深刻了解与把握自己。要让学生明白：自我体验永远是个体的，当我们在分享他人自我成长的硕果时，也在促进我们自身的成长。

三、创设良好的氛围，培养学生人格的充分发展

人格是一个人独特的、相对稳定的行为模式。人格是由每个人所具有的才智、态度、价值观、愿望、感情和习惯以独特的方式结合的产物。人格与人的先天禀赋密切相关，但更与后天的生活环境、习性养成和教育密切相关，也与特定的民族文化相关。

人格教育是思想政治教育的基础。没有这个基础，思想政治教育就犹如无根的浮萍，总是漂流在人的思想表面而不能深入下去。其原因在于：第一，人格是人生价值观念形成的稳定的心理基础，人的价值观念必须统一和稳定，而这就需要一个人的心理过程及人格形态是统一而稳定的，否则，分裂的人格只能产生分裂的观念；第二，人格是形成特定世界观和人生观的内在心理依据，世界观是对于世界的认识，正确的世界观虽然来自正确的理论指导和学习，但如果没有良性的人格形态作为内在的心理依据，外在的观念灌输就很难起作用；第三，人格是形成特定道德素质的主要动力。

虽然从理论上讲，人格在任何年龄都可能发生戏剧性的变化，但这种情况并不常见。有研究表明，人在 20 岁时人格的“模子”就开始定型，到了 30 岁时便十分稳定。在 30 岁之后一般不会再出现大的人格改变。按照马斯洛和罗杰斯的理论，自我想象和自我评价标准的形成对人格的发展具有重要意义。而要使学生达到自我实现的愿望，其自身的不断努力、自我要求和耐心是决定因素，但其所处的环境与周围人对其影响也起着不可忽视的作用。因此，我们对 20 岁左右的学生进行思想政治教育，最重要的就是要创设一种良好的氛围，促使其人格充分发展，并逐步走向稳定。这种氛围要有利于学生形成改变自己的愿望、对自己负责、学会检查自己的动机、诚实接受现实、运用成功经验、做好“与众不同”的心理准备、融入事业、对自己的发展进行评价。对此，可以采取如下措施：

（一）制订相对完善的日常行为规范和相关制度，促进其日常习惯的养成，包括行、坐、卧的日常行为举止和言谈的把握程度

良好的日常习惯是生成良好道德的基础。可通过讲座、课堂讲授等方式传授学生基本的礼仪知识，并根据各专业特色，讲授不同场合、环境下，与不同人的交往方式。

（二）注意教育者的身教作用

古语云："其身正，不令而行；其身不正，虽令不从。"学生往往把教师作为样板和标准，教师的一言一行都在无形中影响和感染着学生。因此，教师的身教更重于言传，要在日常的工作生活中以高度良好的自我修养教育学生、引导学生，起到润物细无声的作用。

（三）采用启发式的教育方法

激发学生的探索热情和思考习惯，使学生在自我思想的状态下建立良性的人格。也就是我们的教育方式不能仅仅限于填鸭式的灌输，要让学生主动地学，即以"学生为中心"，让他们自己体会学习的乐趣，主动培养自己良好的人格特征。

第四节 进行专题调查

调查研究是心理健康教育的重要方法。调查研究的关键是选好专题，并对专题进行分析与评价。本节着重从方法上说明专题调查的程序与做法。（以武汉软件工程职业学院与常州信息职业技术学院专题调查为例）

案例一：武汉软件工程职业学院的调查

一、问题的提出（以信仰状况调查为例）

信仰是人类特有的心理现象，是指人们对一定的世界观、人生观、价值观等的信奉和遵循，是统摄其他一切意识形式的最高意识形态。调查研究表明，大学生信仰状况对落实党的教育方针，加强大学生思想政治教育，引导学生形成正确的世界观、人生观、价值观具有重要的理论意义，对于当前和今后党和国家的稳定及党的伟大事业的继承和发展具有重要而深远的现实意义。随着对大学生思想政治教育研究的不断推进和深入，许多教育工作者对大学生信仰问题进行了研究，如董艾辉 2003 年通过对湖南省六所高校 1000 份调查问卷的调查和分析，了解了当代大学生的信仰现状，探讨了影响当代大学生确立马克思主义信仰和社会主义理想的三大障碍：大学生自身的思维障碍、信仰教育机制障碍和社会环境障碍；龚平在 2007 年研究当代大学生信仰教育，指出信仰对人类的发展起着巨大的引

导作用，当代大学生信仰的主流是积极健康的，但也有部分学生存在严重的信仰问题，还分析了当代大学生的信仰特点、影响当代大学生确立马克思主义信仰的原因及如何加强大学生信仰教育，目的在于使大学生形成科学的世界观、人生观、价值观，成为有中国特色社会主义事业的建设者和接班人。

二、研究方法

本文采用问卷调查和开放式访谈，对 152 名分年级、分专业的大学生进行了随机抽样调查和结构式访谈。在问卷的编制上，我们结合国内外学者对信仰类型、内容的划分和确立，将信仰按内容划分为以下五个维度：①物质信仰；②精神信仰；③伦理信仰；④国家社会信仰；⑤宗教信仰。其中，物质信仰包括财富、权力、享乐、生命四方面的内容；精神信仰包括求知、审美、自由、真理、人格尊严、自我实现六方面的内容；伦理信仰包括待人、做事、个人生活、家庭、职业五方面的内容；国家社会信仰包括国家利益、尽忠报国、民族昌盛、社会责任、社会福祉五方面的内容；宗教信仰包括神灵、灵魂、宗教、命运四方面的内容。同时，结合大学生的特点，问卷基本上能够反映大学生信仰状况的特征。样本的抽取采用了分层抽样的方法，即先将总体中的所有单位按年级划分为三个层次，然后再在各个层次中采用简单随机抽样的办法抽取了一个子样本，最后将这些子样本合起来构成总体样本。调查共发放问卷 152 份，收回问卷 141 份，有效问卷 139 份，其中男生 75 名，女生 64 名；理科学生 59 名，工科学生 46 名，文科学生 32 名，其他 2 名；大一学生 51 名，大二学生 44 名，大三学生 44 名；来自农村的学生 89 名，城镇的学生 50 名。调查所得到的数据用统计软件 SPSS 对其进行了处理研究。

三、结果与分析

（一）大学生信仰主流是积极向上的

大学生由于受校园环境及文化氛围的影响、受专业设置的制约、受学制的限制和各校办学理念的不同，其信仰教育呈现出更大的复态性和多变性，因此大学生的信仰状况往往也会呈现出水平不一、层次不同，但其信仰的主流却表现出积极向上的特征。在你认为最符合你心目中信仰的“中心词”，按重要程度从高到低排序一题中，祖国、亲情、生命占据前三名，有 45.3% 的学生选择了祖国，18.0% 选择了亲情，15.8% 选择了生命，排在后三名的分别是宗教、天命、发财，各占 0.7%。在民族利益比个人的生命还重要的选择中，37.4% 的学生表示完全同意，23.7% 的学生表示大部分同意，18.0% 的同学表示部分同意，11.0% 的学生表示说不清；关于政府将领导国家更加富强一题中，35.3% 的学生表示完全同意，27.3% 的学生大部分同意，12.9% 的学生部分同意，比例占到总数的 75.5%；在问到报效国家是每个人不可推卸的责任时，完全同意、大部分同意、部分同意的学生分别占 49.6%、15.1%、10.8%；认为其他优秀民族能办到的事中华民族都能办到一题中，完全同意、大部分同意、部分同意的分别占到 46.0%、14.4%、10.8%；在国家发展是个人发展的前提一题中，分别有 41.0%、18.0%、11.5% 的同学表示完全同意、大部分同意和部分同意。

以上题目是国家社会信仰方面的反映，大学生反映了较强的民族责任感和历史使命感，对政府和国家充满信心，认为报效国家是每个人应有的责任。这一方面源自大学生对当代大学生信仰教育的重视程度逐步增强，另一方面是因为大学生切身感受到在党的正确领导下，中国特色社会主义的祖国正在走向富强，民族自尊心、自信心和自豪感都空前增高。

（二）大学生信仰出现多元化趋势

在国家社会信仰程度较高的同时，当代大学生也呈现出多元化的信仰趋势。在对物质信仰、精神信仰、伦理信仰、宗教信仰等方面调查中，认为金钱是衡量个人价值最重要的标准中，36.7% 的学生选择了同意或说不清，认为有钱什么都能买到的也占到 35.3%；在信教是人人都应该有的一种需要中，40.3% 的学生选择了完全同意、大部分同意或是说不清；在人生确实存在来世的回答中，仅有 46.8% 的学生表示完全不同意，其余则表示部分同意或是说不清；在活着最重要一项中，表示完全同意的也仅占 28.8%，完全认为鬼魂不存在的只占 34.5%，其他学生则无法给出肯定答案；问到不祭奠先祖的亡灵会遭遇厄运中，33.8% 的学生表示完全不同意，其余则说不清；从以上回答中，我们可以看出大学生信仰表现出较大的差异性和多元化趋势，物质信仰、精神信仰、伦理信仰、宗教信仰都呈现出自己的特性。

（三）信仰态度有待端正

信仰的态度是一个人信仰心理的综合反映，直接影响着个体的认知及行为方式。在对大学生信仰态度的调查中，仅有 10% 的学生表示敬畏，另外，有 18% 的学生对信仰标志物完全仰慕，其他表示无所谓或说不清。由此可见，大学生信仰态度有待端正，有信仰的学生仍需要提高，信仰教育需要加大力度和方式。

（四）信仰的坚定心亟需加强

你的信仰与社会流行价值观冲突时，你仍完全坚持的仅占 8.6%；你经常有不自觉的行动，去从事你的信仰活动，完全同意的只占 5%，完全不同意的占 14.4%，高出 9.4 个百分点，其余则表示不完全同意或说不清。调查结果显示，大学生信仰心理波动较大，坚定心不强。因此，在网络信息影响下，在社会主义市场经济水平不断提高的程度下，在全球化背景等各方面的影响下，要培养大学生坚定的信仰，引导他们形成正确的、符合国家和时代主流意识的信仰。

第七章　大学生活、学习与理想教育

第一节　大学是人生发展的新阶段

对于未来，相信每个同学都有着自己玫瑰色般的梦想，有着美好的憧憬，希望在大学阶段学得一技之长，为自己今后的事业和生活奠定基础。面对新的学习生活环境，同学们既会充满好奇和兴奋，也会遇到种种不适和困难。如何尽快适应大学生活，确立自己的学习目标，规划自己的职业生涯，提升素质，全面发展，为今后的健康成长打下良好基础，是同学们要面临的首要问题。

一、认识大学生活特点

大学是一条新的人生起跑线，是一所知识的殿堂，是一片智慧的沃土，是一座理想放飞的乐园。在大学里，你们既可以尽情吸取丰富的知识，愉悦地漫步于优雅的校园，参加你感兴趣的社团，追求纯洁的友谊和爱情；也可能因自控力差，缺乏学习目标，逃学旷课，虚掷时光，游戏人生，什么也没有学到。但不管怎样，大学时光都是人生中最美好、最具创造力、最值得怀念的青春经历。

跨入大学校门，同学们的生活环境和学习环境与中学相比发生了哪些重大变化?

（一）角色的改变

社会角色发生变化。中学生作为未成年人，受到家长无微不至的照顾、老师体贴入微的关怀；中学生的心理和思想正处于发展变化中，职业方向和社会角色不够明确。而大学生已跨入成年人的行列，并远离父母的怀抱，常常想“我该自己管自己了”；大学生通过入学教育和专业学习，参加社会实践和顶岗实习，职业方向基本确定，社会地位有了较大提高，社会对大学生的期望和要求要比中学生高得多。

（二）生活的改变

1. 生活习惯发生变化

中学生大多是本地就读，同学基本上来自当地，饮食、语言、气候、习俗都相同；大学生大多数是异地求学，饮食的差异、气候的变化、语言的差别、习俗的不同都可能成为刚进学校时适应的障碍。

2. 生活内容发生变化

中学生大多以学习作为生活的中心，过着从家门到校门的两点一线生活，课余时间很少，校园生活单一；大学生大多把全面发展作为自我追求目标，自由支配的闲暇时间大大增加，独立性增强，丰富多彩的校园文化生活使人应接不暇，生活领域大为拓宽。

（三）学习的改变

新生进入高校，面临最大的改变和不适应是来自学习的改变。

1. 学习任务发生变化

中学生的学习任务主要是学习科学文化的各种基础知识，目标是考上大学；大学生的学习任务不仅包括学习基础知识，还包括专业知识和技能，以便为进入社会打好基础，做好准备，目标是找到一份适合自己的好工作。

2. 学习内容发生变化

中学的学科设置基本上没有变化，学习内容重在巩固深入；大学阶段的学习内容，除了公共课、学科基础课和专业课属于必修课之外，各专业还开设选修课，学习内容的深度和广度大大增加，追求博学、前沿，因而学习内容多、任务重、范围广、要求高。

3. 学习方式发生变化

中学生的学习以课堂讲授为主，学生巩固知识的主要方式是题海战术，对老师依赖大；大学强调启发式教学，课堂讲授时间相对少，自由支配的学习时间增多，学习的自主性大大增强，要求学生熟练利用图书馆和互联网收集资料和信息，培养自主学习和独立思考问题、分析问题的能力。

此外，还有人际交往的改变、管理的改变等等，这都需要同学们去认识和了解，学会主动与他人交往，做到自觉遵守校规校纪，自我约束、自我管理、自我服务，这样才能适应大学的学习生活。

二、确立学习目标积极适应新环境

大学是同学们独立走向社会生活的最后一站，大学生怎样才能尽快适应大学学习生活，早日完成由中学到大学的过渡呢?

（一）尽快确立新的学习生活目标

高尔基说过："一个人追求的目标越高，他的才能就发展越快，对社会就越有益。"目标是激发人的积极性、产生自觉行为的动力。人一旦没有生活目标，就会意志消沉、浑浑噩噩。大学新生正处于富于理想、憧憬未来的青年中期。升入大学，中学阶段的目标已经实现，有的人认为，大功告成，可以松口气了。有的甚至把"混文凭""跳龙门""留城市"作为学习目标，满足现状，不思进取，使刚刚开始的大学生活缺乏驱动力。因而，这些学生感到生活茫然、空虚、枯燥、乏味。因此，大学新生需要尽快熟悉大学生活，树立新的奋斗目标。

（二）尽快适应大学的学习方法

大学生进入大学后碰到的一个普遍问题就是学习方法的不适应。他们习惯于老师天天陪伴、督促、被动接受知识的中学学习方式，对大学的学习特点和规律一无所知。进入大学以后，面对生活需要自理、学习需要自主、大量的学习时间要求自己安排等，他们感到无所适从，学习成绩明显下降。因而大学新生迫切需要通过向老同学取经、向老师取经等各种渠道，尽快了解大学学习特点和规律，并根据自己的特点和经验，迅速摸索出一套适合自己特点和大学学习特点的学习方法。谁能最快地适应大学学习方法，谁就能尽快地适应大学生活。

（三）确立独立生活意识，建立良好人际关系

新生跨进大学，在一定意义上说，就意味着开始逐步地独立地走向社会。面对陌生的校园、陌生的面孔，许多学生缺乏独立生活和集体生活的能力，缺少新的朋友，"寂寞感"和"孤独感"油然而生，陷入烦恼和痛苦之中。为了适应新的环境，同学们就需要树立自信、自律、自立、自强的精神，学会与人打交道。大学里最小的人群是宿舍的同学，每天都要在一起共同学习和生活，宿舍的同学关系是大学里最基本的人际关系。由于同学们来自不同的家庭、有着各自的生活习惯，性格脾气也不同，在一起相处难免有些不习惯或不适应。同学们宿舍关系如果处得好，人际关系就融洽，心情自然愉悦，学习生活也更有劲头；如果关系僵硬紧张，不但影响日常生活，更会给心理上蒙上阴影。

（四）学会安排衣食住行，培养生活自理能力

离开父母，进入大学，同学们首先应该学会打理日常生活，学会准时起床、积极运动、学会自己铺床叠被、收拾房间，学会自己洗衣服、逛街买日常用品，学会记账、合理安排

自己的生活与闲暇时间，学会自己照料自己。养成良好的作息习惯和饮食习惯，进行适当的体育锻炼和文娱活动，主动参加集体活动，注重卫生，适应环境。

三、树立新的学习理念，培养优良学风

同学们进入大学，特别是进入高职院校，学习的内容、形式和要求都与以前发生了显著变化。高职高专教育是高等教育发展中的一个类型，占了我国高等教育的半壁江山，肩负着培养面向生产、建设、服务和管理第一线需要的高技能人才的使命。高职教育以服务为宗旨、以就业为导向，其人才培养模式和教学模式以校企合作、工学结合、顶岗实习为特点，注重实践教学和动手能力，倡导“能力本位”，它与研究型大学的教学有着极大的差别。同学们既要学习专业知识，更要掌握专业技能，做到知识够用，实践会用、就业适用，才能把自己培养成应用型、技能型的人才。

（一）树立自主学习的理念

自主学习是一种能动的学习，要求同学们有明确的学习目标，自觉适应专业要求和社会需要，积极主动地掌握相关知识、技能和方法，使自己真正成为学习的主人。自主学习要有强烈的求知欲和主动性，要求举一反三，触类旁通，注重对知识的拓展和领悟。在大学阶段，有大量的自学时间、自由的学习空间，营造了自主学习的浓厚氛围，也对自主学习理念的培养提出了必然要求。同学们要学会根据教学计划和所学专业的特点，合理确定学习目标，科学安排学习时间，掌握正确的学习方法，全面提高自主学习能力。

（二）重视掌握专业技能

培养应用型、技能型人才的核心是学习和掌握专业知识与专业技能，有一技之长。高校应该根据社会需求开设热门、紧缺专业；其次，要合理设置理论课程和实践课程的比例，应当注重学生的动手能力；再次，专业课教师应当是“双师型”教师，有一定的实际操作经验及动手能力。总之，高校要培养实用型、技能型人才，一定要从实际出发，实习、实训、实作的学习时间应超过课堂上的理论学习时间，学习的主要任务是为了掌握和运用专业技能。

（三）培养吃苦耐劳的精神，养成勤奋求实的学风

无数事实证明，吃苦耐劳是中华民族的优秀品质，是决定一个人前途和命运的重要素质。要适应环境、战胜各种困难和挫折，就必须有吃苦耐劳的精神。“梅花香自苦寒来，宝剑锋从磨砺出”“艰难困苦，玉汝于成”，在困难和逆境中最能磨炼意志，挖掘潜能，发挥自己的聪明才智，变压力为动力，变逆境为顺境，才能成长成才。

大学阶段，学习是同学们的主要任务，只有养成优良学风，刻苦学习，才能完成学习任务，在将来的工作岗位上才能有所成就、有所贡献。否则，“少壮不努力，老大徒伤悲”。

第二节　树立崇高的理想和信念

大学生政治思想教育活动开设的前提是对大学生进行思想政治教育，这是整个高校教育活动的关键要点。大学生思想政治教育理念的核心是开展科学合理的思想政治教育理念，这是整个高校教育活动开设的关键点。当代大学生是我国社会主义事业的接班人和建设者，他们的理念、思想倾向、意识直接与党和社会主义建设有着直接关系。故此，理想信念教育的开设目的是让学生具有共同的理想信念，这是当前时代发展下大学生不可或缺的思想政治素养。

一、强化大学生理想信念教育的重要意义

目前大学生理想信念教育存在很多新问题，大学校园十分重视大学生的理想和信念教育活动的开设。第一，从大学生自身状况的角度思考问题，当前大学生还处于青年时期，作为理想信念形成的关键阶段，学生正是以共产主义理念为前进方向和奋斗目标的。所以当代大学生就要将马列主义、毛泽东思想为理论学习指导思想，在掌握唯物辩证主义和历史唯物主义的情况下，对马克思主义的世界观和价值观有新的认同。但是当前由于大学生的思想政治教育工作开展的力度不够，学生很难深刻地体验和思考自己的人生，也很难牢固地树立自身的理想和信念，这就出现很多大学生的思想层面异常空虚的状况，从而对学生今后的发展产生不利的影响。大学生作为祖国发展的未来，民族发展的希望，应在强化自身思想理念的前提下，将马列主义看成是理想信念活动开展的核心要素，树立起为共产主义而努力的理念，并积极地与其他错误思想进行斗争，提升学生素质，形成完美人格，最终能走向美好的未来人生道路。第二，从社会发展的角度探寻问题，我国在发展中还处于社会主义初级阶段。该阶段已经成为我国历史发展中不可或缺的关键性阶段，在未来一段时间中国还是处于这一发展阶段，党和国家在此阶段依旧是以建设具有中国特色的社会主义中国为核心理念的，且这一理念是我党需要长期执行的，也是社会主义理想理念发展中的必经阶段。因此我党始终坚持走对外开放的道路，力争活跃我国的经济，但是在开放期间大量的外国思潮涌入，这就会对大学生的思想产生腐蚀。所以在此情况下，若放松对大学生的政治思想工作，不使用马克思主义理念武装大学生的头脑，那么很多不良的思想会乘虚而入，所以强化大学生的社会主义和共产主义教育理念十分必要。

二、大学生理想与信念教育的有效途径研究

（一）以未来发展做切入点

当代大学生在自己的心中都有一片天地留给了自己的理想和抱负，希望得到施展才华的机会和舞台，希望自己得到社会群体的广泛认可。但是他们未经世事，对于社会当中的不公，无法轻易地从中走出来，很容易产生悲观和失望的想法，甚至会产生愤怒感。在他们进入社会后，经历了社会所带来的挫折之后便会对自己的信念产生怀疑，对自己所坚持的理想和目标产生动摇。在进行理想与信念教育的过程中，积极帮助学生将个人的前途与科学信念相融合，认清社会的真实情况，对自己未来的发展道路进行合理的规划，这对大学生的理想信念建设工作有非常大的帮助；在进行理想与现实相融合的方法上，要从多方面进行引导，譬如向学生全方位地展示新中国自建立以来所取得的成就，将改革开放前后的国家情况做对比，使大学生认清现实，了解到每一次的成功都需要付出巨大的努力，帮助学生将自身成长的条件与当今的时代特点联系到一起，让学生真正地理解个人命运与国家的紧密联系，认识到共产主义最高理想不仅仅是我们在建设国家，促进社会发展当中的精神动力，同时也是行为上的思想指引。用各项数据向学生进行阐述，说明什么才是社会主流思想，什么才是国家发展的主导思想，使学生能够将眼光放得更加长远，认清社会当中的个别事例与大潮流之间的关系，帮助学生从全局的角度观察社会，认清社会。

（二）重视教学方法的传授

大学生是一群勤于思考和探索的团队，但是这个团队在知识存储量方面还略显单薄，特别是在科学研究上还有很多不妥之处，因而在观点上就极易出现片面的观点和理念。教师就要通过理论知识帮助学生科学合理地认识马克思主义，要求学生能结合自己所学知识对马克思主义有新的认识。当前是信息技术逐年普及的阶段，部分学生对信息技术的占有量要远远大于教师的信息技术存储量，甚至很多技术方面要更精于教师。教师在教学活动中主要的优势是重点分析，而不是有着较多的知识占有量，所有教师在对学生进行知识传授的时候，尽量结合自己的阅历，给学生展示出教师的理论知识分析能力，让学生对知识有深刻的认知，并结合自身现有的知识储备了解知识、深化知识、感悟知识。故此，我们就能判定德育教育工作的重点是要将马克思主义理论内容全部传授给学生，让学生使用马克思主义科学合理地认识这个世界，理解这个世界。最终让学生能使用科学的理想信念指导自己的行为。

教育中要重视学校教育的主渠道作用，这是培养学生实践能力的前提保障。学生道德

本性是实践性的，所以德育教育的重点与核心是重视培养学生的道德素质、道德选择、自我心理调控实践能力。德育教育不是单纯地进行说教，是要通过心理教育帮助学生解决生活和学习中存在的问题，也能积极地解决实践生活中遭遇的各类问题。另外，教学时适度更新教学方法，探寻德育教育的手段、方法是否运用得当，是否能影响到德育教育的最终使用效果。优质的德育教育资源只有与德育教育更好地契合在一起，才能让两者共同发展，最终形成有效的教育手段。

（三）与文化教育结合

在理想与信念的教育过程当中，有很多例子可以供我们进行参考。譬如：从 20 世纪 70 年代开始，加拿大开始在教育事业当中推行多元化，通过开设文化意识相关课程将学生的文化意识引向多元化发展的道路，从而进一步培养学生的国家观念和社会观念，使不同种类的社会意识形态能够逐渐地融入人们的日常生活当中以及学生的教育工作当中，逐渐形成一个思想上的共同体。同时，在语言类相关课程以及多民族文化的相关课程当中，将组成国家的各个民族的文化和语言向所有的学生进行讲解，使学生能够对不同民族产生认同感，同时也对本国的多元文化产生认可。这种成功的文化教育方法对于我们来说非常值得借鉴，通过在文化教育当中引入理想信念的办法，可以帮助学生加强对理想信念的认同感，从而使学生树立正确的信念。文化教育的融入可以使理想与信念教育的目的潜移默化地对学生产生影响，避免了直接教育使学生心理产生逆反与抵触心理。

大学生作为国家发展的重要后备军，其思想健康与否关系着国家未来的发展。大学生心中应该具有符合社会主流思想的理想和信念，要在日后的发展当中以自己的理想为奋斗目标，用坚定的信念去执行自己应该完成的任务。在高校之中，相关教育工作者应该加强大学生的理想与信念教育。要通过全方位、多角度的引导，使学生能够认清现实，了解到社会的真实情况，使学生摆脱天真的理想主义，真正面对社会竞争。通过理想与信念教育，要让学生拥有真正符合社会发展潮流的理想，并且在完成自己理想的道路当中能够坚定地走下去。能够以过硬的心理素质去面对不公，将建设国家作为自己的最高理想。

三、大学生思想政治教育工作中理想信念教育的实施

对大学生实施理想信念教育，不仅能促进学生全面发展，同时也是现阶段高校思政课教育的主要形式，利用这种形式能够充分发挥学生和教师的互动和积极性，并利用各种高科技手段，创新教学方法，使学生树立正确的理想信念。所以，高校在实际发展中必须认清自身在思想政治教育中存在的问题，并根据这些问题提出解决的措施，以便为高校今后的发展提供建议，更好地促进高校学生理想信念素质的提高。

（一）创新思想政治教育机制

实践是一切事物发展的基础，思想政治教育中的理想信念教育工作必须积极发挥创新机制，同时加强学生理念信念教育的时效性。学生通过实践活动能够更好地认识社会、提高学生意志力，纠正学生错误的思想行为，从而提高学生综合素养。所以说高校学生理想信念教育中实践教育是不可或缺的。可以利用组织各种有效的社会实践活动来丰富大学生思想政治教育的内容，并积极拓展学生创新思维，让学生通过自身的实践了解理想信念的内涵。比如利用课内实践改善学生被动接受知识的现象，利用小组合作讨论的形式，提高学生运用思想政治理论分析问题和解决问题的能力。或者组织社会活动为学生营造良好的理想信念教育气氛。校外实践可以通过集中组织形式让学生参与社会调查，使学生对自己的职业规划和人生目标更加明确。教师在教学的过程中要善于激发学生主观能动性，使学生在平时的学习和生活中养成良好的习惯，并做到相互尊重、相互激励、团结同学，做事情必须以理服人、以情感人，利用寓教于乐的方式有效促进学生的思想教育水平的提高。

（二）创新学生思想观念，完善高校理想信念教育

大学生思想政治教育中实施实践创新，一是要把思想观念创新融入思想政治教育，并在教学中指导学生要积极提高自我修养、不断完善自己、树立终身学习的目标，增强学生主体和责任意识；二是要把高校学生的自身特点作为思想政治教育创新的切入点，正视高校学生的发展特点，教育工作者要把理想信念作为思想政治教育的主要目标，利用改革的精神和独特的方法积极引导高校学生向着正确的方向发展，用以人为本的教育理念纠正各种不良思想；三是在素质教育环境下思想政治教育工作要强调学生在课堂上的主体地位，坚持改革创新、强化基础思路等方式提高大学生思想政治素养，注重培养学生具有高尚的理想信念和思想意识，促进高校学生更好发展。

（三）将理想信念教育与学生综合素质教育相结合

理想信念教育和综合素质教育已经成为高校思想政治教育工作核心，在高校的文化教育工作中必须将思想政治工作放在第一位。加强校园文化建设，促进思想政治课和校园文化的有机融合，在教育过程中使理想信念融入综合素质教育，并且要增强教育实践环节，提升学生综合素质。理想信念教育本身就是高校思想政治教学的核心内容，承担着高校思想政治教学的重要职责。要加强校园思想性文化建设，利用理论学习小组组织学生学习基本的理想信念知识，将社会主义特色理论体系纳入思想政治教学，并积极引导学生树立社会主义核心价值观。充分利用能激发学生爱国情怀的事件，激励学生做有思想、有文化、有才能的人。同时教师在教学中必须树立典范、带头作用，引导学生树

立正确的理想信念，让学生对自身的发展有明确的方向。教师要积极鼓励学生投身到思想政治工作的实践中，将理想信念融入实践发展中，从而促进大学生理念教育的更好实施，提高学生综合教育能力。

总之，大学生思政教育工作是一个春风化雨、沁人心骨、养人心志的育人过程，而理想信念是高校思政工作的核心，只有加强大学生理想信念教育才能促进学生更全面发展。高校必须充分认识到思想教育工作的复杂性和长期性，从小事做起、潜移默化提高学生思想政治教育，同时将理念教育融入每一节思想政治课中，积极构建大学生理想信念教育的新思路，实现大学生更好的发展。

第三节　高校校园文化与大学生人文素质

在人才竞争越来越激烈的今天，社会对于人才的综合素质和知识结构要求越来越高，只有科学技术和人文素质兼备的人才是现代意义上全面发展的真正的人才。素质教育亦成为当代教育改革的重要主题。在大力推行的素质教育中，人文素质是综合素质的重要组成部分，对于大学生的素质提升具有基础性和引导性作用，并在一定程度上制约着大学生发展空间。但我们必须看到，大学生人文素质培养的现状并不太理想，很多问题和缺憾渐渐凸显出来，渐渐引起了学界的普遍关注，关于解决途径的讨论也愈来愈多，能够形成共识的是人文素质的培养仅仅靠课堂学习和教育是远远不够的，更多的要靠潜移默化的教育与感染，在这一点上校园文化能够起到良好的作用和效果。

一、大学生人文素质培养的重要性及现状

（一）人文素质的定义

关于人文素质的定义在各类文献中尚未有明确统一的说法，但各种说法本质是基本一致的，具体来讲就是通过各种方式将人类的一切人文科学和文化成果内化为稳定的自身素质，表现出来的是由知识、能力、观念、情感、意志等多种因素综合而成的一个人的内在品质，主要内容包括四个方面：人文知识、人文思想、人文方法、人文精神，其中人文精神是核心。

（二）大学生人文素质培养的重要性

人文素质教育是大学生素质教育不可或缺的重要组成部分，科学技术和人文素质教育的齐头并进、共同发展已经成为当代教育改革的趋势和要求，其重要性主要体现在以

下三点：

1. 人文素质是人全面发展的基础

概括地讲，综合素质主要包括科学文化素质和人文素质，前者注重的是专业技能，而后者注重的是指导这种专业技能运用的思想。从这个意义上来讲，人文素质比科学文化素质更加重要。

2. 人文素质是时代发展的要求

在知识经济快速发展的今天，一方面学科分工越来越细化，文理学科相互渗透和融合越来越多，出现了交叉学科、横断学科、边缘学科等，这使科学技术的研究需要更多的人文元素的参与。

3. 人文素质是创新精神和创新能力培养的必然要求

创新是时代发展和社会进步的灵魂，是大学生必须具备的基本能力之一。

（三）大学生人文素质培养的现状

我国的高等教育一直存在着“重理轻文”的倾向，改革开放以后人文素质教育得到了足够的重视，也进行了大力的建设。总体来说，高等学校大都已经具有加大人文素质教育力度的意识，也都采取了一些措施，取得了一定的效果。但目前，特别是理工科院校人文素质教育还有很多问题存在，主要表现有以下三个方面：

1. 重视专业教育，把人文教育放在辅助性地位

有些院校唯以就业为导向，认为只要把专业知识教好就可以顺利就业，而人文教育则是可有可无的。

2. 软硬件设施不完备

硬件方面特别是一些偏科性的学校人文活动场所和设施缺乏，图书馆人文资料匮乏，不能满足学生对人文资料和人文知识的需求，软件方面，管理者和教师人文素质缺乏，在实际教学中不能对学生进行有效的人文引导。

3. 学生人文素质不高

最突出的表现就是心理素质差，不能够正确处理人与人以及人与社会的关系。另外，还有一部分学生人文知识缺乏，审美能力低。

二、高校校园文化与大学生人文素质的关联性

在大学生的素质教育中，文化素质教育是基础，而“文化素质教育主要是要进行人文素质教育”。对于高校来说，大学生的人文素质教育水平能够反映出一所学校的综合管理

水平，影响着学校的人才培养质量以及学校的发展前途。有效地提升高校大学生的人文素质，注重从大学生人文素质的培养目标及培养环境等着手，利用一切推动和提升大学生人文素质的环境和策略，只有这样才能深入地、科学地、全面地提升和优化大学生的人文素质。从这方面来讲，在大学生人文素质教育中，创设良好的校园文化环境，创设科学的校园文化氛围，通过积极向上的校园文化渲染和烘托功能，使得学生在良好的环境中，自我熏陶，自我启发，互相学习，共同进步。

首先，创设良好的高校校园文化旨在通过环境熏陶等作用来提升大学生思想品德，培养全面发展的综合性人才。而开展丰富多彩的人文素质教育，则能够有效地、全面地提升大学生的文化气息、审美能力等人文素养。从这点来看，二者在培养目标上是相通的。

其次，在提升大学生人文素质的过程中，高校校园文化是一种柔性的手段。通过科学的、健康的、积极的高校校园文化，通过丰富多彩的校园文化活动，能够有效地激发学生的参与性，使得学生在参与校园文化的过程中，感受到人文素养的重要价值，培养学生良好的审美情绪，有效地提升学生的社交礼仪等。

因此，对于大学生人文素质教育而言，健康的积极的校园文化是一种重要的推动力。总而言之，在高校校园文化的建设过程中，应该本着培养和提升大学生人文素质的目标，充分发挥二者之间的互通和协调作用，全面提升大学生的人文素质等综合素养。

三、文化校园对大学生人文素质的影响

文化校园的功能是育人。唐人有诗云：“山光悦鸟性，潭影空人心。”徜徉大学校园，与名人为伴，与书香同行，开阔视野、醇化心灵。“大学的历史和现实、大学的每一活动机制、教师的一言一行都渗透着浓厚的人文教育，都培养学生的诚信、仁爱、自律、责任等现代人文素养，都激发学生自主学习、独立思考、勇于创新的自由本质。[1]”文化校园是一种巨大的无声力量，它如“润物细无声”的春雨，能以最深刻、最微妙的方式进入大学生的心灵深处，并产生深远的影响。

（一）丰富大学生的人文知识

人文知识是人类文化的历史沉淀，是人的精神世界升华的源流，也是一个民族发展的历史与灵魂。人文知识是一个人具有人文素养的前提和基础，丰富的人文知识对于培养良好的人文意识具有重要的作用，可以丰富、加强意识的内容。大学生的人文知识除了从课堂获取外，更多的是从健康向上的文化校园中获得的。文化校园包含着大量的人文知识，

[1] 衣俊卿.回归大学的文化本质凸显大学的文化功能——关于大学本质和功能的文化哲学思考.中国高等教育，2007（02）.

大学生可以在有意识、无意识中获得这些知识。大学生可以利用图书馆、宣传栏、校园网等文化阵地参与各种校园文化活动来丰富人文认识；可以在与别人交往或观察别人中，将会获得如何恰当表达自己情感、如何待人接物等社交技能和生活经验；可以通过组建一些人文社团，如摄影、舞蹈、书法、文学、音乐等方面的协会，使大学生在人文氛围中增长知识、陶冶情操、塑造自我等。

（二）激发大学生的人文思维

人文思维是原创性思维的源泉。人文思维是发射性的形象思维，能够启发一个人的灵感。一件艺术品，不但可以看到艺术品背后真实的故事，而且还要感受到艺术本身给人的想象力，这种想象力是无限的思维空间，如果能够抓住一瞬间的直觉，也许就能带来科学上的发明创造。在文化校园中塑造环境艺术，不仅能够美化校园，更能通过艺术品本身匠心独运地构思启发学生的原创思维，开拓学生的思维空间，特别是现代科技文化艺术的展示不仅能给学生带来美的享受和现代科技气息，更能激发学生对科技知识的追求，开启学生科学创造的灵感。

（三）有利于大学生掌握人文方法

人文方法是人文思想中所蕴含的认识方法和实践方法。人文方法与科学方法不同，科学方法强调精确性和普遍适用性，是一种求真的方法、理性化的方法；人文方法则强调定性，强调体验，并与特定的文化相联系，是一种求善的、伦理化的思维方法，即如何通过有效途径达到为个人或社会谋利益的目的。人文思维必须通过人文方法来展现。文化校园中展示的各种文化，目的是启发人的人文思维。在这种人文思维的指导下，要求人不是简单地对传统人文知识简单的接受和照搬，而是对传统文化继承、吸收、消化来充实自己的精神世界，也就是说人通过各种文化的价值取舍，发展新的人文思维。这种文化价值的取舍就是人文方法。文化校园建设之所以重要就在于引导学生形成正确的人文思维，并指导自己的行动满足个人、社会、民族、国家的需要。

人文精神是人文知识化育而成的、内在于主体的精神成果，它蕴含于人的内心世界，是一种内在于主体的精神品格。人文精神，是人类最为高贵而奢侈的精神，是人类灵魂的家园，是维系人类社会牢固的纽带，也是人类走向永恒的文化保证。同样，如果文化校园不倡导一种人文精神，那么这个文化校园也就失去精神支撑。彰显人文精神是文化校园的特色，也是一个学校的人文优势，这种更具有激励作用和感召力的精神对学生一生的追求和行为准则构成不可磨灭的影响。人文精神只有通过文化校园的建设得以理解和深化，才能内化为大学生精神世界的一部分，变成对科学追求和人生追求的动力，也只有这种强大的精神动力，才能增强师生的凝聚力，为学校建设和发展带来生机与活力。

四、高校校园文化在大学生人文素质培养方面存在的问题

（一）缺乏与校外力量的交流

在校园文化建设过程中，参与人员主要是校内人员，包括学生、学工干部以及极少数的专业教师，而缺乏校外人员的参与。校外人员包括企事业单位以及政府工作人员，他们实际上也是校园文化建设不可忽视的重要力量。校园文化活动把目光主要集中在校园内，而极少关注现实社会，与社会脱节，最终导致校园文化成为“空中楼阁”。

（二）校园文化建设缺乏系统性与前瞻性

目前，大学校园文化虽然丰富多彩，但主要偏重于娱乐、体育及各种社团活动，这些活动虽在某种程度上丰富了学生的业余生活，近期效果明显，但缺乏长期规划，使校园文化建设缺乏系统性与前瞻性，从而削弱了校园文化的整体育人功能。

（三）忽视专业教师的作用

长期以来，大家一谈起校园文化，就认为是学生处、团委、学生会等学生工作机构和学生的事情，与教师没有多少关系。但实际上，校园文化建设离不开教师，教师是校园文化建设的主力军，教师的人格和文化涵养直接影响所培养学生的质量，他们的整体凝聚力对校园文化的形成起着重要的作用。从我国高校校园文化的现状看，教师的校园文化生活极为贫乏，一学期难得有两次活动，教师之间的交流也很少，校园文化建设的形式限于名目繁多的各种具体活动，而把教书育人、服务育人和管理育人等潜在的教育活动排斥在外；学生的校园文化生活中，除学生参与外，主要是学生工作队伍的教师参与，而专业教师与其他行政人员很少参与，与学生的交流也很有限。

（四）专业知识所涉不多

在对上海一所财经类院校近一年的调查结果中，校园文化活动内容的比例为：文体活动占 30%、青年志愿者活动占 18%、社会实践活动占 25%、讲座报告占 20%、学生其他活动占 7% 等。调查显示：校园文化活动项目大部分是娱乐项目，与专业知识有关联的活动少，绝大部分学生集中在文娱体育、人文素质、社会服务实践等活动上，即使是学生科技活动，主要是学工队伍的策划，缺乏专业教师的积极参与，所策划的活动专业知识的含量不高，从而导致校园文化建设的简单化和低层次化。

五、建设文化校园，提升大学生人文素养

文化是一种精神，是一种氛围，是一种价值导向。文化是引导人、激励人、鼓舞人的一种内在动力，是凝聚人心、鼓舞斗志、催人奋进的一面旗帜。应努力构建文化校园，以达成用文化养人、用文化造人之目的。

（一）凝聚人文精神的校园物质文化

校园物质文化载体包括学校的建筑物、文化设施、生态环境、班级环境以及各种徽章、标志、服饰等。建筑是文化的沉淀。大学内的校舍建筑无论是古朴庄重的建筑风格，还是现代律动的设计思想，都融合着规划设计者的审美理想和审美品位。高校校园内的很多建筑在它们的功用性之外，自然也体现出学校的审美追求。而在那些有较长办学历史的学校，建筑更是凝聚了深厚的文化底蕴，也传达出比较深厚的人文精神。如美国东部的常春藤联盟，爬满古老校墙的常春藤象征着这些古老大学长盛不衰的精神、传统和办学水平；北京大学的红楼，其中西结合的建筑风格，就是“兼收并蓄、博采众长”的北大办学理念的象征，成为北大人引以为自豪的景观，激励着一代又一代的北大学子。校园内的各式雕塑也从不同侧面生动形象地传达出了一种人文情怀，体现了“文以载道”的精神，而不仅是校园的点缀。舒适整洁的校园可以从整体上给人一种舒适感，还会使大学生在心里感到和谐宁静，陶冶大学生的性情，激发大学生的美感。教学楼、实验室等与教学相关的场所内外的语录、图画、实物等布置方式，以及校园里那些春兰秋菊、冬梅夏莲、苍松翠竹，都绝非可有可无，它们不仅美化着校园，也在更深的层次上，在点点滴滴中表现出育人的功能，要努力做到物质设施具有人文教育内涵。

（二）展现人文风采的校园文化活动

如果说校园物化环境是一种相对静态的文化资源，那多姿多彩、充满活力的校园文化活动则是动态的、开放的、以学生为主体的文化资源了。各高校应通过积极开展健康向上、格调高雅、内容丰富的校园文化生活，吸引大学生主动广泛地参与，营造生动、健康的人文氛围，培养大学生的创造能力、组织能力和协调能力。如举办各种人文讲座、校园文化节、科技节、读书沙龙、诗会、报社、影展、文艺演出等丰富的活动，吸引广大学生积极参与。这不仅丰富了大学生的业余生活，还开阔了大学生视野，活跃了大学生思维，陶冶了大学生情操，激发了大学生的想象力和创造力，也让他们在多姿多彩的校园文化活动中交流情感，学习互动，增强他们的社会责任感、历史使命感和人文情怀，将人文素质类课程中习得的人文知识整合、内化为人文精神。

（三）彰显人文关怀的大学精神文化

大学精神是基于对大学本质、大学特色、大学品牌、大学办学规律以及大学人对社会政治、经济、科技文化、教育等的深度认知，在办学实践中所形成的一系列价值观念和行为规范，是一所大学整体面貌、水平、特色、声誉及凝聚力、感召力、发展力和生命力的集中体现。大学精神文化是大学的灵魂，是最高文化价值的追求，是大学历久弥新的不竭动力和源泉，是实现大学发展的精神支撑。大学精神渗透在学校的学术思想、研究方法、学习风气以及工作特点方面，无处不有、无时不在。正如林语堂所说："文章有味，大学亦有味。味各不同，皆由历史沿袭风气之所造成，浸润熏陶其中者，逐染其中气味……。"[1]大学精神文化最基本、最重要的内涵之一就是人文精神。培育现代大学的人文精神，就是要弘扬人的主体性和价值，在校园内营造自由和民主的浓厚氛围，处处体现出人文关怀。作为学术上的民主要求学术平等、学术宽容，坚持在真理和学术面前人人平等，大学的各种事务都要公正、公平和公开，要体现人文关怀，体现平等和正义，让学生感受到大学的尊严、大学的神圣。而大学精神的形成很大程度上要靠校训去引导、凝聚和涵养。校训是把校魂注入每个不同的个体，起着支撑精神世界、重铸灵魂的作用。

（四）尊崇以人为本的大学制度文化

制度也是文化，是大学文化的外在表现，不同的制度蕴含着不同的价值观念和发展理念，为人的活动提供不同的现实可能空间，科学有效的制度体系又反过来培育和营造大学文化。学校制度制订得合理与否以及执行得公平与否，有时是作用很大的隐性课程，其影响是巨大的。"由于历史和文化传统的原因，中国的大学长期运行于行政权力主导的环境中，大学缺乏相对独立性，缺少办学自主权。可以说，中国大学的内部管理体制以及权力结构不是基于学术发展的目的而自发形成的，而是由行政性的体制及其运行机制所赋予的。行政权力的泛化和强化导致大学组织内部权力的结构性失衡，学术功能受阻。"[2]大学制度建设的基本价值取向就是要坚持以人为本，即意味着大学制度的设计、安排和运行要以现实以人为中心，体现人文关怀。校园制度的制订反映师生的切身利益，执行过程中要公正、公平、公开，同时要营造民主的校园氛围，让广大师生积极参与学校管理，自觉地约束规范自身言行，从而促进其身心的健康发展。另外，完善的校园制度，不应该仅挂在墙上或记录在纸上，更应该表现在每个人的行为上，应该深印于每个人的心中。在完善校园制度的同时，更要花大力气进行制度的宣传和教育，让这些刚性的制度、规范，在潜移默

[1] 峻华．林语堂妙语录 [M]. 北京：中国广播电视出版社，1991.

[2] 张晓清．高等学校党政领导体制研究 [M]. 天津：天津人民出版社，2015.

化中成为学生形成良好行为习惯的“矫正器”。要以健全的文化制度规范学生，促使他们的行为由被动变主动，由他律变自律，最终内化为一种良好的人文素养，养成高尚、规范的道德行为。

（五）创设散发人文气息的校园人际氛围

在大学，同学关系和师生关系是人际关系的主体。大学生们离开父母，开始了真正意义上的独立生活。他们带着各自的生活方式、思维方式和行为方式来到大学校园，在新环境中相互交融、彼此撞击，不断地改变或矫正着旧有的生活方式、思维方式和行为方式。由于学生朝夕相处，他们从人际关系这个潜课程中学到的东西有时甚至超过了正式课程。从隐性课程的视角看，师生关系在教学中主要表现在教师在教学活动中形成的言传身教、以悟导悟的特殊作用，他们形成了教书育人的一种特殊氛围，在潜移默化中影响着学生。当教师与学生一起深入了解科学家的发明过程及其人生体验的时候，凝聚和包容在科学研究成果之中的人文精神得到挖掘和凸显；当师生共同深入社会生活观察和体察社会现象的时候，渗透在生活现象之中的人文精神即得到显现；当师生之间建构一种交往互动的和谐师生关系的时候，师生之间便生成了一种活生生的人文精神。

（六）培育健康向上的人文网络文化

网络的高速发展已经使教育越来越具有开放性，同时也为人文教育提供了新的机遇和广阔的发展空间。大学生通过网络能开阔视野，感受到自己无法亲身经历的情理。从理论创新到生活点滴，从新闻宣传到民间舆论，从轰动事件到先进人物，使学生在不知不觉中提高鉴别是非的能力，提升文化品位和道德修养。通过网络信息，还能使学生增长人文知识、弘扬社会正气、塑造美好心灵。高校可在校园网上开辟“人文论坛”，定期与大学生进行交流，及时了解其人文现状。同时，教师要利用校园网进行人文方面的网上教学，引导社团设立自己的网站，锻炼大学生利用校园网进行自我管理、自我服务、自我教育。总之，大学应积极地进行校园网和人文网建设，充分发挥网络的正面效应，使大学生足不出户就能受到人文知识的熏陶和人文道德的培育。

大学的人文素质教育是培养学生自尊、自信、自立、自强的人生态度的有效途径。文化校园的建设对当代大学生人文素质的养成起着极其重要的作用，高校应努力创建文化校园，从而提升大学生的人文素质，使学生成为具有综合素质的人才，符合社会对人才的需求。

第四节　大学生美好职业生涯设计

当今知识经济时代，人才竞争日益激烈。大学生的“就业难问题”也摆在了日益突出的位置上。这种现象的背后隐藏了一个重要原因就是大学生在选择自己的职业方向时出现了偏差和失误，大学生就业问题日益严峻。科学的职业生涯设计能为大学生就业以及职业发展指明方向。

一、大学生职业生涯规划的现状

（一）职业生涯规划意识淡薄

大学阶段是职业生涯规划的黄金阶段，必须尽早确定自己的职业目标，选择自己职业的发展地域范围，把握自己的职业定位。但是许多大学生职业生涯规划观念普遍淡薄，求职期望过高，对自己素质能力的评价往往和招聘单位的评价不吻合，忽视职业生涯规划，认识自我意识淡薄，缺少感性认识和理性认识。侧面反映我国目前教育体系中职业生涯规划和辅导工作的薄弱。

（二）职业生涯规划制度不完善

我国的高等教育有其历史特殊性，使得绝大多数高校并没有成立专门的职业生涯规划的教育机构。目前，许多毕业生只依靠就业指导中心，这些从事高校的职业生涯规划教师一般来源于学校、党政部门或辅导员，他们缺乏相应的专业知识、技能和经验，对职业生涯规划指导内容更多的指向升学与就业形势，缺乏理论联系实际的思想，缺少个性化指导，案例分析不够充分，提高不了学生的参与性与积极性，过多地依赖理论，缺少实践培养。

（三）缺少职业生涯规划的指导

传统观念、社会舆论导向及不良风气影响学生进行职业生涯设计的热情。很多学生都是根据社会上的热门专业、家长的要求选择的专业；很多学生家长的传统观念误区：认为稳定的工作如国家企事业单位是最好的，不鼓励子女选择民营企业、自主创业。这在很大程度上影响了子女进入大学后学习目标的确立，对于就业、人生发展没有任何主见。

近几年来，存在毕业生就业难的现象，各类媒体就对其片面夸大，提出“毕业等于失业”“大学生不如农民工”等观点，对学生就业进行误导，导致少部分毕业生出现严重就业心理问题，对择业充满恐惧，对未来职业发展丧失信心，甚至有极个别毕业生选择自杀来逃避压力。

二、加强大学生职业生涯规划的策略

要解决大学生职业生涯设计中存在的若干问题，必须进行多角度思考，探索出不同问题的解决对策。

（一）帮助大学生树立正确的职业生涯设计观念

对于大学生自身的认识误区而言，社会和高校首先要帮助大学生树立正确的态度。在学生进行职业生涯设计时，进行有针对性的指导，帮助毕业生树立从基层做起的观念，将其自我认知与职业环境、自身条件结合起来确立切实可行的大学学习目标和职业目标，避免好高骛远的情况出现，同时高校职业生涯设计指导教师要定期对学生职业生涯设计的实施情况进行评估，指导大学生进行与职业目标相关的社会实践、兼职活动，促进大学生学习目标的完成以及职业目标的修订。

（二）高校应加强职业生涯服务意识，完善职业生涯设计教育体系

建议高校建立大学生职业生涯教育中心，将原有的就业指导中心更名为“职业生涯设计和就业中心”，此中心必须肩负职业生涯设计整体实施。

高校同时要开展全程化的职业生涯设计教育，根据不同年级开设不同的内容，将职业生涯规划意识贯穿于大学教育的始终。从基础适应、自我认知、了解职业分类、专业入门及前景展望等内容，到参加社会实践指导、进行各项职业测评、客观认识自我、评估职业机会、确立职业目标、职业生涯设计步骤指导等，通过就业形势及政策指导、择业心理教育、职业生涯设计的评估及反馈来帮助大学生做职业生涯设计。只有建立在科学、理性基础上的指导课程才能真正对学生起到引导作用。

此外，各高校要建立素质测评系统，通过科学化的测量，让学生对职业能力、人格、兴趣等方面有更加客观的认识和评价。

（三）强化大学生职业生涯设计指导教师的队伍建设，创新教学方法

逐步建立起一支专业化、职业化、专家化的大学生职业生涯设计指导专职教师队伍，通过培训、业务学习以及教学研究逐步提高专职教师的业务水平。结合课程特点在教学方法上大胆采用案例教学法、情景模拟法、头脑风暴法等教学方法，做到授课灵活、有针对性。

大学职业生涯规划是一个复杂的过程。职业生涯规划不仅需要自我意识的增强，还要转变意识模糊的职业生涯规划理念、加强职业生涯规划教育指导、深化职业生涯规划教育改革、建立一支高素质的师资队伍。另外，职业生涯规划还应该从低年级抓起，从新生入

学就要进行专业的培养，这样学生才能德智体美全面发展，学生的目标才能实现，也能促进高校的可持续发展，提高竞争力。

（四）加强舆论正确引导，从高中开始传授职业生涯设计理念

在科学发展观的指导下，对于大学生就业的评价要遵循客观、公正的原则，有关部门应做出相关规定，对于大学生就业报道的内容应真实、可靠，如有虚构，相关人员应承担法律责任。鉴于高中毕业志愿的选择会影响到大学学习以及毕业后职业的选择和发展，建议从高中阶段就传授职业生涯设计理念，增强专业选择方面指导，帮助高中毕业生了解社会需求，选择理想专业。

大学生作为我国优质人力资源，其职业生涯设计问题也日益受到社会关注。在严峻的就业现实情况下，大学生职业生涯设计会出现一些新的问题，使得对于新问题的探讨具有更多的实践意义。

参考文献

[1] 崔正华，王伶俐，李爽主编 . 大学生心理健康与心理素质培养 [M]. 北京：航空工业出版社，2018.

[2] 戴丽红 . 立德树人——全面实施素质教育 . 大学生素质教育研究与实践 [M]. 西安：西安电子科技大学出版社，2017.

[3] 郭小平著 . 高职学生心理健康教育研究与评价 [M]. 天津：天津科学技术出版社，2013.

[4] 江西省教育厅，江西省高校心理健康教育专业委员会组织编写 . 大学生心理健康教育教程 [M]. 南昌：江西高校出版社，2017.

[5] 解梅，陈红著 . 理工类高校人文素质教育研究 [M]. 兰州：甘肃文化出版社，2013.

[6] 李国强 . 心理健康教育课程设计与开发 [M]. 湘潭：湘潭大学出版社，2017.

[7] 刘伟，丛小玲主编 . 大学生人文素质培养与实践 [M]. 沈阳：东北大学出版社，2015.

[8] 汪小容主编 . 大学生心理健康和谐与发展 [M]. 北京：北京理工大学出版社，2016.

[9] 王国雨主编 . 经典与修身——大学生人文素养读本 [M]. 杭州：浙江工商大学出版社，2014.

[10] 魏青，曾莉主编 . 大学生心理健康教育 [M]. 成都：西南交通大学出版社，2016.

[11] 邬向明著 . 素质教育知行录 [M]. 北京：人民教育出版社，2012.

[12] 武光路，李剑锋 . 大学生心理危机的预防与干预 [M]. 北京：国防工业出版社，2016.

[13] 闫明，高洪娟，周国莉主编 . 揭开幸福的密码——大学生心理健康教育与心理素质训练 [M]. 南京：河海大学出版社，2015.

[14] 闫颖著 . 高职大学生职业人文素养 [M]. 天津：天津大学出版社，2014.

[15] 袁进霞著 . 新时代大学生素质教育新论基于应用型人才培养的视角 [M]. 北京：地质出版社，2018.

[16] 张燕明主编 . 大学生心理健康与素质培养 [M]. 人民交通出版社股份有限公司，2018.

[17] 赵晓和，张国定主编 . 大学生文化素质教育研究与实践 [M]. 合肥：合肥工业大学出版社，2010.